新时代跨境电子商务创新与实践系列教材

跨境电商海外营销 初级
1+X职业技能等级认证

总主编　贾如春
主　编　刘永举　郑苏娟
副主编　胥蓓蕾　李惠芬　薛坤庆　申　帅

清华大学出版社
北京

内 容 简 介

本书面向"1+X"职业技能等级认证之跨境电商海外营销（初级）的考生，主要内容包括三大领域，分别为跨境独立站营销基础操作、海外搜索营销基础操作、跨境贸易通关与结汇。其中，每个工作领域均提供细化的工作任务和工作子任务，同时以线上教学资源的形式提供各项任务的具体实施流程，旨在帮助读者全面掌握实际工作中所需的各项技能，并顺利通过职业技能等级认证评估。

本书可作为"1+X"职业技能等级认证之跨境电商海外营销（初级）备考人员的辅导用书，也可作为跨境电子商务从业人员的参考读物。

本书封面贴有清华大学出版社防伪标签，无标签者不得销售。
版权所有，侵权必究。举报：010-62782989，beiqinquan@tup.tsinghua.edu.cn。

图书在版编目(CIP)数据

跨境电商海外营销：初级：1+X职业技能等级认证/贾如春总主编；刘永举，郑苏娟主编.—北京：清华大学出版社，2023.3
新时代跨境电子商务创新与实践系列教材
ISBN 978-7-302-63100-2

Ⅰ.①跨⋯　Ⅱ.①贾⋯　②刘⋯　③郑⋯　Ⅲ.①电子商务－市场营销－职业技能－鉴定－教材　Ⅳ.①F713.365.2

中国国家版本馆 CIP 数据核字(2023)第 047620 号

责任编辑：郭　赛
封面设计：杨玉兰
责任校对：郝美丽
责任印制：沈　露

出版发行：清华大学出版社
网　　址：http://www.tup.com.cn，http://www.wqbook.com
地　　址：北京清华大学学研大厦 A 座　　　邮　编：100084
社 总 机：010-83470000　　　　　　　　　邮　购：010-62786544
投稿与读者服务：010-62776969，c-service@tup.tsinghua.edu.cn
质量反馈：010-62772015，zhiliang@tup.tsinghua.edu.cn
课件下载：http://www.tup.com.cn，010-83470236

印 装 者：三河市龙大印装有限公司
经　　销：全国新华书店
开　　本：185mm×260mm　　印　张：7.25　　字　数：171 千字
版　　次：2023 年 5 月第 1 版　　　　　　印　次：2023 年 5 月第 1 次印刷
定　　价：39.00 元

产品编号：094284-01

前言

近年来,我国出台了一系列有利于跨境电子商务发展的政策,"一带一路"倡议、"自贸区"和"跨境电商综试区"等促使我国跨境电子商务行业保持快速增长;而相关领域从业人员规模的不足势必会阻碍跨境电子商务的发展势头,大力培养跨境电子商务专业技能人员是未来几年的重中之重。

目前,"跨境电子商务海外营销"已纳入"1+X"职业技能等级认证,并分为初级、中级、高级三个级别。本书面向初级认证,主要内容包括三大领域,分别为跨境独立站营销基础操作、海外搜索营销基础操作、跨境贸易通关与结汇。其中,每个工作领域均提供细化的工作任务和工作子任务,同时以线上教学资源的形式提供各项任务的具体实施流程。每个工作任务均包含知识目标、技能目标、思政目标、案例导入、思维导图、相关知识、任务概述、任务实施、重点小结、问题研讨、任务拓展模块,以帮助读者理清脉络;每个工作领域均包含学习成果达成与测评、习题与思考、学习成果实施报告书、在线拓展学习模块,以帮助读者巩固所学知识,最终全面掌握等级认证所需的各项知识与技能,从而顺利通过职业技能等级认证评估。

本套丛书是一套覆盖面广、知识内容完备的跨境电子商务创新与实践型系列教材,包括《跨境电商海外营销(中级)》《跨境电商海外营销(高级)》《跨境电子商务营销与服务》《跨境电子商务基础》《跨境电子商务专业英语》《跨境电子商务运营管理》《跨境电子商务运营实战(全球搜版)》《电子商务运营实战(淘宝+天猫店版)》《跨境电子商务运营实战(盈店通版)》《电子商务运营实战(京东店版)》《进出口通关实务》《国际物流与运输》等教材。

本套丛书由贾如春担任总主编,本书由刘永举、郑苏娟担任主编,胥蓓蕾、李惠芬、薛坤庆、申帅担任副主编。

由于编者水平有限,书中难免存在不足之处,敬请专家学者及广大读者批评指正。

编 者

2023 年 2 月

目 录

工作领域一 跨境独立站营销基础操作 ··· 1

 工作任务一 跨境独立站站内运营 ··· 1
  子任务一 产品上下架管理 ··· 1
  子任务二 产品描述与文案编辑 ··· 3
  子任务三 SKU 盘点与更新 ··· 6
  子任务四 客服的职责与要求 ··· 8
  子任务五 客户询盘处理 ·· 12
  子任务六 客户日常维护 ·· 13

 工作任务二 跨境独立站站内营销 ··· 19
  子任务一 站内营销工具介绍 ··· 19
  子任务二 站内营销工具的使用 ··· 21
  子任务三 站内营销策略制定 ··· 22
  子任务四 站内流量和转化指标分析 ··································· 26
  子任务五 访客行为指标分析 ··· 28
  子任务六 独立站诊断和监测 ··· 29

 工作任务三 跨境独立站视觉营销 ··· 36
  子任务一 视觉营销设计基本原理 ······································· 36
  子任务二 产品图像拍摄与处理 ··· 44
  子任务三 站内视觉营销设计 ··· 48

工作领域二 海外搜索营销基础操作 ··· 55

 工作任务一 海外搜索引擎优化 ··· 55
  子任务一 制定网站 SEO 方案 ··· 55
  子任务二 SEO 工具的使用 ·· 57
  子任务三 获取 SEO 关键词 ·· 62
  子任务四 站内 SEO ··· 65
  子任务五 站外 SEO ··· 69

 工作任务二 海外搜索引擎广告投放 ····································· 74

子任务一　搜索引擎广告账号开通 …………………………………… 74
　　子任务二　广告账户设置 ………………………………………………… 77
　　子任务三　广告创建与投放 ……………………………………………… 79
　　子任务四　广告效果优化 ………………………………………………… 82

工作领域三　跨境贸易通关与结汇 ……………………………………… **88**
　工作任务一　跨境独立站业务通关管理 ……………………………………… 88
　　子任务一　企业信息注册及申报 ………………………………………… 88
　　子任务二　跨境电商商品备案 …………………………………………… 90
　　子任务三　三单申报办理 ………………………………………………… 91
　　子任务四　通关信息查询 ………………………………………………… 93
　工作任务二　跨境独立站业务结汇与退税管理 ……………………………… 98
　　子任务一　商务部门登记备案流程 ……………………………………… 98
　　子任务二　海关注册登记备案流程 ……………………………………… 99
　　子任务三　外管名录及登记备案流程 …………………………………… 101
　　子任务四　国际贸易单一窗口对接备案流程 …………………………… 102
　　子任务五　结汇与收汇办理 ……………………………………………… 104
　　子任务六　退税申报及核定 ……………………………………………… 105

工作领域一

跨境独立站营销基础操作

工作任务一　跨境独立站站内运营

子任务一　产品上下架管理

知识目标

- 掌握跨境独立站添加新产品的流程
- 掌握跨境独立站编辑产品的流程
- 掌握跨境独立站删除下架产品的流程

技能目标

- 完成跨境独立站新产品的添加
- 正确编辑产品的所有信息
- 完成跨境独立站产品的删除下架

思政目标

- 遵守各国法律法规进行商业活动
- 具有良好的职业道德
- 拥有符合商业规则的价值观
- 具有良好的道德观

案例导入

跨境独立站 Mototo 是一家售卖服装鞋帽的公司,独立站刚刚注册成功,现在需要将公司产品上架,并且定期对无销量产品进行优化编辑和下架删除,管理员 Lucy 现着手开展工作。

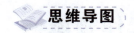

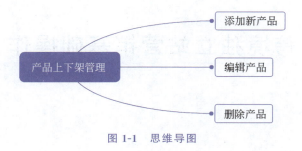

图 1-1　思维导图

一、相关知识

独立站产品上下架规则如下。

1. 要注意目标客户的在线购物时间

在安排产品上架时间时,大众的上网时间分布数据只能作为参考,需要更多地考虑产品的目标受众的上网集中时间。

2. 尽量避开人气较高的产品

对于新产品来说,在刚刚开始上架时,在人气方面,与那些已经在其他独立站或第三方平台上卖得很好的产品相比,存在着先天的劣势(如没有收藏、没有销量、没有评价等)。所以无论是基于产品情况还是客户的从众心理,新品的发布都应尽量避开人气高的产品。

二、任务概述

产品上下架管理主要包括添加新产品、编辑产品、删除产品。

三、任务实施

四、重点小结

(1)若要一次编辑多个产品,则按照批量编辑产品和多属性中所述的内容使用批量编辑器。

(2)您可以删除单个产品,也可以使用批量操作同时删除多个产品。删除产品时,将从独立站中永久删除该产品。删除的产品无法恢复。如果缺货或您因任何原因不想再展示某种产品,但又不想将它从商店中永久删除,那么您可以改为将该产品存档。

（3）创建产品后，您可以编辑它们以更改其描述、价格和其他产品详细信息。虽然可随时更改产品详细信息，但更改可能会影响您的报告。有关更改如何影响产品在报告中的显示和分组方式的信息，请参阅产品详细信息的更改。保存的更改会在您的在线商店中立即生效。在更新产品前，您可以检查页面顶部，了解其他管理员是否也可能对同一产品进行了更改。

五、问题研讨

（1）如何添加新产品并编辑内容？
（2）如何删除没库存的产品？

六、任务拓展

学会了产品上下架之后，就需要对产品描述内容进行编辑优化。

子任务二 产品描述与文案编辑

知识目标

- 掌握产品描述所需编辑的所有模块
- 掌握产品描述各个模块的编写要求

技能目标

- 正确添加产品描述的所有内容
- 完成产品描述各个模块的编写

思政目标

- 遵守各国法律法规进行商业活动
- 具有良好的职业道德
- 拥有符合商业规则的价值观
- 具有良好的道德观

案例导入

独立站的管理员 Lucy 在添加新产品的过程中对产品描述的各个模块进行编辑，并将编辑好的符合产品特性的文案填充到相应模块中。

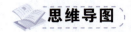

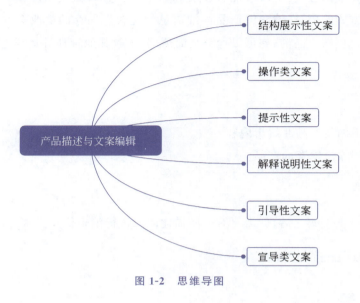

图 1-2　思维导图

一、相关知识

文案与产品可以说是无处不在的。但文案的存在是润物细无声的。好的产品会说话,这在很大程度上是靠文案完成的。设计一款产品就是一个向用户表达、与用户交流的过程。文案是一语定江山,细微处显力量。

产品的文案有一个大体原则:要使用用户的语言,而不是自己的语言。

尽量避免使用专业术语,要把它翻译成生活中常用的说法。要充分了解产品面向的用户群体,让产品的文案与行业相符,拉近与用户的距离。例如,如果产品面向文学爱好者,那么不妨也带上一些诗意。

一个产品的文案大致可以分为如下几类,每类文案都有它的使命和需要注意的地方。

1. 结构展示性文案

如各类标题、功能名称、导航名称、结构名称、分类名称、字段名称等。这类文案的主要作用是告诉用户产品是什么,主要注意命名是否准确、一致。

2. 操作类文案

如按钮上的文字、链接上的文字等。这类文案的主要作用是指导用户进行操作,让用户明白这是一个什么样的操作,操作后会有什么样的结果。

3. 提示性文案

如成功提示、失败提示、温馨提示等。这类文案的主要作用是告诉用户当前发生了什么、出了什么问题、原因是什么、之后还可以干什么等。

4. 解释说明性文案

如输入提示、功能介绍等。这类文案的主要作用是对某个模块进行进一步解释说明，对主体短语无法表达清晰的地方进行补充，以让用户完全了解情况。

5. 引导性文案

这类文案的主要作用是动作的引导，以促使用户执行某个动作、使用某个功能。这类文案散落在产品的各个地方，可能出现在页面中的任何位置。

6. 宣导类文案

如版本升级说明、引导页、新手引导等（运营活动、推广广告等不在此范围内）。这类文案的主要作用是引导用户在了解这是什么之后完成某种行为。

二、任务概述

产品描述文案的种类主要包括结构展示性文案、操作类文案、提示性文案、解释说明性文案、引导性文案、宣导类文案。

三、任务实施

四、重点小结

（1）产品描述的详细信息会影响向客户展示产品的方式，还可更轻松地组织产品并帮助客户找到产品。

（2）相比其他工作，文案工作虽然不是产品经理的重点所在，但产品的工作却始终离不开文案，且因场景、面向用户等的不同，产品文案还需要有所变化。

五、问题研讨

（1）如何编辑产品描述文案？

（2）哪些模块需要编写产品描述文案？

六、任务拓展

学会编辑产品描述文案之后，需要对产品SKU有一定的认识，并且能够设置合理的SKU。

子任务三　SKU 盘点与更新

知识目标

- 掌握 SKU 的定义
- 掌握 SKU 的格式与内容

技能目标

- 正确认识 SKU 的概念
- 完成符合要求的 SKU 设置

思政目标

- 遵守各国法律法规进行商业活动
- 具有良好的职业道德
- 拥有符合商业规则的价值观
- 具有良好的道德观

案例导入

跨境独立站 Mototo 的所有产品都具有品牌、样式和尺寸。管理员 Lucy 选择使用 11 位数字的 SKU 格式＃＃＃-＃＃＃-＃＃＃＃＃。这些由连字符分隔的数字指的是品牌、样式和尺寸。例如,使用 SKU 4225-776-3234 表示品牌为 4225、腿型为 776(靴形裤)以及尺寸为 32×34(腰围和长度)的裤子。

思维导图

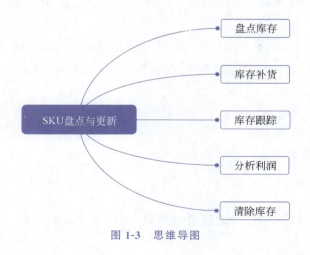

图 1-3　思维导图

一、相关知识

1. 什么是 SKU

SKU 是 Stock Keeping Unit 的缩写,指库存进出计量单位或者库存单位,是卖家分配的用于标识的字符串,可以是字母、数字,也可以是数字和字母的混合搭配,可以以件、盒、托盘等为单位,每种单品都有一个唯一对应的 SKU。

SKU 指一款商品,每款都有一个 SKU,当一个产品有多种款式、颜色、尺寸时,例如有 3 个颜色和 3 个尺寸,就会有 3×3=9 个 SKU。

2. SKU 由什么组成

SKU 可以使用数字、字母或者数字和字母的组合,可以长达 40 个字符,设定 SKU 编码的方法是将产品的字母和 ISBN 或者 UPC 结合起来,以方便管理。

SKU 通常包括 8~12 个字符,每个字符都对应着产品的一个独特功能,每种产品都对应一个唯一的 SKU,如果这款产品有多个变体,那么就会有多个 SKU。

3. SKU 的用途

1) 盘点库存

每个产品都有对应的 SKU,因此盘点库存就方便多了,库存管理系统中的商品与实际库存的商品相匹配,盘点库存就会很快捷。

2) 库存补货

当 SKU 与实际的库存相匹配时,在库存管理系统中就可以很方便地查到补货清单,然后只要对补货清单上面的产品进行补货就可以了,非常实用。

3) 库存跟踪

库存较多且种类较多时,创建库存跟踪非常实用,可以快速找到产品,还可以准确查询产品的库存数量。

4) 分析利润

库存管理系统可以很清楚地知道哪个产品经常补货,经常补货的就是畅销品,没有补过货的就是滞销品,可以考虑下架,以更好地分析利润。

5) 清除库存

管理产品每隔一段时间就要清除一部分,通过库存管理系统可以快速知道哪个产品需要清除,或者哪个产品丢失了,哪个产品损坏了等,可以快速处理掉库存产品。

二、任务概述

掌握 SKU 的用途,包括盘点库存、库存补货、库存跟踪、分析利润、清除库存。

三、任务实施

四、重点小结

（1）每个产品都有相对应的SKU，在任何地点和任何商品上使用哪一种标识符，SKU始终保持不变，这也是查找产品的唯一属性，非常方便。

（2）SKU给卖家管理方面带来了很大的便利，可以快速找到相对应的产品型号。如今，国内商超也在应用库存管理系统查找产品，给卖家和买家都提供了很大的便利条件。

五、问题研讨

任选一款产品，设置格式正确的SKU。

六、任务拓展

产品管理全部设置完成后，独立站逐渐有了订单，客服就要开始对客户消息进行回复。客服的职责与要求是什么？

子任务四　客服的职责与要求

知识目标

- 掌握客服所需的技能
- 掌握客服的工作流程

技能目标

- 正确认识客服工作的职责
- 按照相应需要和客户进行交互
- 正确处理不同场景下的客户问题

思政目标

- 遵守各国法律法规进行商业活动
- 具有良好的职业道德
- 拥有符合商业规则的价值观
- 具有良好的道德观

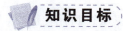

案例导入

随着产品上架完成，跨境独立站Mototo逐渐有了一些订单，客服Anna开始收到一些客户发来的消息,她及时回复了所有客户的消息,并且将独立站设置的营销活动通过各种方式通知给了客户。

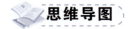 思维导图

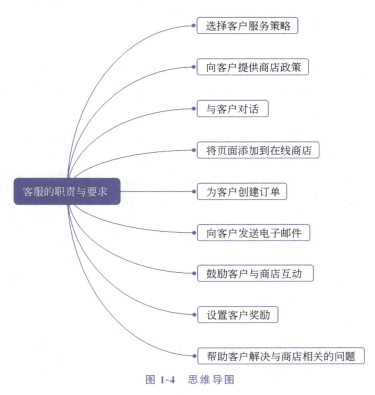

图 1-4 思维导图

一、相关知识

1. 选择客户服务策略

找出让客户感到满意的因素是经营商店的关键。虽然需要考虑的因素众多,但最重要的因素是适合商店的市场定位。例如,当销售相对较便宜的普通产品时,客户会有不同于购买昂贵的订制产品时的服务期望。

为了确定要专注于哪些策略,建议尽可能多地了解目标客户群以及他们希望得到什么样的服务。了解客户的具体需求可能需要一段时间,但仍然可以使用常见的客户服务策略在线与客户建立关系。客户服务策略示例如下。

(1) 明确提供准备遵循的退货和物流政策。

(2) 为客户提供联系方式,使他们能够询问关于产品和订单的问题。

(3) 为在线商店添加一个页面,其中包含常见问题解答、产品信息或业务相关信息。

(4) 使用电子邮件向客户更新有关新产品的信息。

(5) 让客户反馈他们对产品和服务的看法。

(6)奖励忠实客户

(7)当客户在商店中遇到问题时,为他们提供帮助。

2. 向客户提供商店政策

通过设置关于发货、退货和其他商店政策的信息,有助于客户做出购买产品的决定。当政策适用时,客户可以放心地购买产品。

3. 与客户对话

设置与客户联系的方式后,他们可能会询问有关产品、政策以及其订单的信息。可以在网页上提供联系信息,包括电话号码、邮箱和邮寄地址,或者将联系表添加到在线商店。

4. 将页面添加到在线商店

如果客户经常询问类似的问题,或者想向客户提供业务的详细信息,那么可以向在线商店添加页面。可以添加页面以分享希望客户了解的任何内容,以下是一些常见示例。

常见问题解答。如果经常被问到类似问题,那么添加一个页面以回答这些问题可节省大量的时间。例如,客户可能想知道产品使用的面料是否符合其期望。

关于我们。添加"关于我们"页面可有机会突显产品和业务的特别之处,同时可以帮助客户感受到与产品有更多的联系。例如,销售咖啡的商店可以添加一个页面以向客户介绍咖啡豆的来源。

有关产品的信息。提供有关产品的额外信息可以让客户放心地进行购买。例如,可以添加描述服装尺寸信息的页面,或者根据模板向产品页面中添加尺寸图表。

5. 为客户创建订单

可以使用预先填写的客户信息为客户创建订单。当为现有客户创建订单(例如通过电话接单)时,可以节省客服的时间。如果想为某客户创建订单,那么该客户需要拥有现有的客户资料。

6. 向客户发送电子邮件

发送电子邮件是让客户了解业务新消息的好方法。在许多国家和地区,即使客户从商店购买了商品,也需要得到客户的允许才能向他们发送电子邮件。可以通过在结账时显示接收电子邮件的选项让客户注册商店的电子邮件。

确保电子邮件的内容与客户相关。当电子邮件中的信息对客户始终有价值时,他们才更有可能打开电子邮件。如果客户不喜欢电子邮件,那么他们可能会取消订阅,可以奖励电子邮件订阅者提前体验产品、获得折扣码和参与其他促销活动的权限。

可以将电子邮件发送给特定的细分客户。

可以使用应用创建和发送电子邮件,以及跟踪客户与您发送的内容的互动情况。

7. 鼓励客户与商店互动

可以使用产品评论、博客评论和社交媒体帖子鼓励客户撰写与产品和业务相关的内容。对产品感到满意的客户通常愿意公开表达他们的观点。客户甚至有可能通过在线商店相互联系并建立社区,尤其是在商店使用社交媒体进行展示的情况下。但是,也请确保为负面评论和帖子做好准备,并提前决定如何回应。

8. 设置客户奖励

可以选择为经常从商店购买产品或消费超过一定金额的客户提供奖励。例如,可以向客户发放礼品卡,或向客户发送折扣码。还可以使用应用设置客户奖励和忠诚计划。

通过创建客户细分查找符合奖励条件的客户。例如,可以为花费超过一定金额或下大量订单的客户创建客户细分。或者,可以使用预测消费层级划分对商店具有高价值、中等价值和低价值的客户。

9. 帮助客户解决与商店相关的问题

有时候,尽管已尽了最大努力,但客户还是对产品或服务不满意。当订单商品未能按时送达、产品在货运期间遭到损坏或客户对产品感到不满意时,有机会帮助客户解决问题。如果能够快速解决问题并且能够理解客户的感受,就可以扭转客户对商店的负面印象,并能促使客户再次购买产品。

如果告诉客户自己对此问题深感抱歉并表示感同身受,通常可以化解这种情况。如果因无法控制的事情而出现问题,例如产品在运送过程中受损,仍然可以对这种情况表达同情心。

二、任务概述

掌握客服的职责与要求,包括选择客户服务策略、向客户提供商店政策、与客户对话、将页面添加到在线商店、为客户创建订单、向客户发送电子邮件、鼓励客户与商店互动、设置客户奖励、帮助客户解决与商店相关的问题。

三、任务实施

四、重点小结

无论是线下销售还是在线销售,提供良好的客户服务都非常重要。如果提供了良好的客户服务,客户通过产品和服务互动后会更容易感到满意。

五、问题研讨

客服 Anna 的职责都有哪些?

六、任务拓展

Anna 掌握了作为客服的职责之后,开始有条不紊地工作,独立站的询盘消息也变得越来越多。如何处理客户询盘?

子任务五　客户询盘处理

 知识目标

- 掌握客户询盘的需求
- 掌握客户询盘的解决方案

 技能目标

- 正确分清客户询盘的需求
- 完成客户需求的处理

 思政目标

- 遵守各国法律法规进行商业活动
- 具有良好的职业道德
- 拥有符合商业规则的价值观
- 具有良好的道德观

 案例导入

Anna 查询了客户发来的询盘消息,有些很简单,她直接通过后台操作就帮助客户解决了问题,并且引导客户成功下单。有些问题比较复杂,还有些问题无法直接解决,她都通过耐心的解答和一定的活动推荐,最终让客户得到了满意的答案,为独立站赢得了良好的口碑。

 思维导图

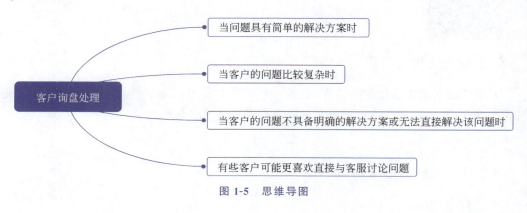

图 1-5　思维导图

一、相关知识

当客户联系客服反馈问题时,可以尝试采用以下方案解决问题。

(1)当问题具有简单的解决方案时(例如符合在线商店的退款请求),可以快速提供该解决方案。

(2)当客户的问题比较复杂时,可以与之讨论问题,并倾听他们对于解决此问题的看法。在某些情况下,甚至可以分析客户提出的解决方案。

(3)当客户的问题不具备明确的解决方案或无法直接解决该问题时,仍可以对此情况表达歉意。可以向客户提供某些东西(例如礼品卡、折扣码或免运费服务)以表示很关心他们的购物体验。

(4)有些客户可能更喜欢直接与客服讨论问题,以防止该问题发生在其他客户身上。例如,如果客户反映发货服务提供商导致了此问题,那么可以考虑更改商店的发货设置,以避免将来出现类似的问题。

二、任务概述

学会处理客户询盘,包括当客户提出简单、可解决问题和不明确、不容易解决问题时如何应对。

三、任务实施

四、重点小结

听到客户体验出现问题可能会让您感到沮丧,但是尝试解决这些问题终究是有益的。有时候,正确的解决方案可以赢得客户的信任,并且还能防止未来的客户遇到同样的问题。为遇到问题的客户提供支持也是防止拒付的一种方式。

五、问题研讨

(1)客户想要购买某产品,但不会下单,Anna该如何处理?

(2)客户觉得某产品的价格有点贵,询盘咨询可不可以优惠,Anna该如何处理?

六、任务拓展

Anna处理了客户询盘消息之后,需要对独立站累积的客户进行管理。如何进行客户日常维护?

子任务六　客户日常维护

- 掌握客服日常维护的内容

- 掌握客服日常维护的流程

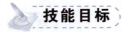 **技能目标**

- 正确认识客服日常维护的流程
- 完成客服日常维护的内容

 **思政目标**

- 遵守各国法律法规进行商业活动
- 具有良好的职业道德
- 拥有符合商业规则的价值观
- 具有良好的道德观

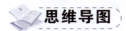 **案例导入**

Anna在解决客户询盘消息之后,发现独立站已经积累了一批用户信息。她对客户资料进行了整理分类,以方便今后的客户管理。

思维导图

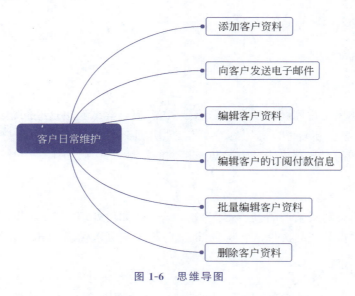

图1-6 思维导图

一、相关知识

与客户互动是经营业务的一个重要环节。每当有新客户在商店中下单时,他们的姓名和其他详细信息都将被添加到客户列表中。可以从独立站后台的客户页面查看所有客户并管理客户信息。可以将具有类似特征的客户分组到客户细分中,以便更有效地与客户沟通。

当客户在商店中创建账户后,他们便可以将自己的地址信息添加到此账户,以便在结账时自动填充。客户还可以在商店中查看他们的订单历史记录,并查看当前订单状态。

二、任务概述

掌握客户日常管理流程,包括添加客户资料、向客户发送电子邮件、编辑客户资料、编辑客户的订阅付款信息、批量编辑客户资料、删除客户资料。

三、任务实施

四、重点小结

(1)在添加客户资料时,一次只能将一个邮箱与客户资料关联。可以通过编辑客户资料更改与资料关联的邮箱。
(2)删除客户资料后便无法撤销。

五、问题研讨

(1)如何添加客户资料?
(2)如何对客户资料进行分类?

六、任务拓展

Anna对客户资料进行了处理分类,为独立站的营销做好了铺垫。独立站的营销工具有哪些?

学习成果达成与测评

项目名称	跨境独立站站内运营		学时	16	学分	0.2
职业技能等级	初级	职业能力	跨境独立站产品管理、客服处理客户问题		子任务数	6个
序号	评价内容	评价标准				分数
1	产品上下架管理	完成跨境独立站新产品的添加 正确编辑产品的所有信息 完成跨境独立站产品的删除下架				
2	产品描述与文案编辑	正确添加产品描述的所有内容 完成产品描述各个模块的编写				
3	SKU盘点与更新	正确认识SKU的概念 完成符合要求的SKU设置				

续表

序号	评价内容	评价标准	分数
4	客服的职责与要求	正确认识客服工作的职责 按照相应需要和客户进行交互 正确处理不同场景下的客户问题	
5	客户询盘处理	正确分清客户询盘的需求 完成客户需求的处理	
6	客户日常维护	正确认识客服日常维护的流程 完成客服日常维护的内容	
考核评价	项目整体分数(每项评价内容分值为1分)		
	指导教师评语		
备注	奖励: 1. 按照完成质量给予1~10分奖励,额外加分不超过5分。 2. 每超额完成1个任务,额外加3分。 3. 巩固提升任务完成优秀,额外加2分。 惩罚: 1. 完成任务超过规定时间扣2分。 2. 完成任务有缺项,每项扣2分。 3. 任务实施报告编写歪曲事实、个人杜撰或有抄袭内容,不予评分。		

习题与思考

1. 单选题

(1) 独立站商品着陆页中最重要的布局元素是(　　)。

  A. 标题　　　　　B. 商品信息　　　　　C. 页脚　　　　　D. 广告区

(2) 对商品进行分类时,至关重要的是(　　)。

  A. 确定分类目的

  B. 选择适当的分类标签

  C. 明确分类的商品集合体所包括的范围

  D. 科学定义

(3) 以下不属于独立站产品基础属性数据指标的是(　　)。

  A. SKU　　　　　　　　　　　　　B. 跳失率

  C. 商品数　　　　　　　　　　　　D. 商品访客总数

(4) 相对于第三方平台,独立站的优势不包括(　　)。

  A. 塑造企业品牌　　　　　　　　　B. 实现数据安全和增值

  C. 避免规则制约　　　　　　　　　D. 更少的推广费用

(5) 下列关于客户询盘的说法中不正确的是(　　)。

A. 当问题具有简单的解决方案时(例如符合在线商店的退款请求),您可以快速提供该解决方案

B. 当客户的问题比较复杂时,您可以与之讨论问题的影响,并倾听他们对于解决此问题的看法

C. 当客户的问题不具备明确的解决方案或您无法直接解决该问题时,您仍可以对此情况表达歉意

D. 当客户提出无法解决的问题时,我们不予理睬就好了

2. 多选题

(1) 产品上下架管理包括的流程有(　　)。

  A. 添加新产品   B. 设置营销活动

  C. 编辑产品   D. 删除产品

(2) 以下属于常见产品文案类型的是(　　)。

  A. 结构展示性文案   B. 操作类文案

  C. 解释说明性文案   D. 引导性文案

(3) 设置 SKU 的作用包括(　　)。

  A. 盘点库存   B. 库存补货   C. 库存跟踪   D. 分析利润

(4) 客服的职责与要求包括(　　)。

  A. 向客户提供商店政策   B. 与客户对话

  C. 为客户创建订单   D. 设置客户奖励

(5) 下列关于独立站详情页的说法中正确的是(　　)。

  A. 详情页中有"购买"按钮,主要功能是让用户付款

  B. 能够让客户更多地了解产品

  C. 提升产品的品质和调性

  D. 增加客服的工作量

3. 判断题

(1) 独立站的流量从 ROI 的角度来看,只要 ROI 高,那么流量成本的价格就低,反之亦然。

答案:_____

(2) 新建的独立站本身是没有任何流量的,流量只能通过外部推广获取。

答案:_____

(3) 已经完全删除的产品还可以找回。

答案:_____

(4) 轮播图中不能出现促销等相关信息。

答案:_____

(5) 客服不管面对什么样的客户问题,都应该想办法给出最优解,即使他们提出的问题和产品毫不相干。

答案:_____

4. 案例分析题

Marry 的独立站刚刚申请成功,现在需要将产品全部上架并进行编辑,同时需要客服对客户的询盘进行处理。

(1) 帮助 Marry 整理产品上架和编辑流程。

(2) 提供一套客服问题解决方案。

参考答案

1. 单选题

(1) B   (2) B   (3) B   (4) D   (5) D

2. 多选题

(1) ACD   (2) ABCD   (3) ABCD   (4) ABCD   (5) BC

3. 判断题

(1) 正确   (2) 正确   (3) 错误   (4) 错误   (5) 正确

4. 案例分析题

略

学习成果实施报告书

题目			
班级		姓名	学号
任务实施报告			

请简要记述本工作任务学习过程中完成的各项任务,描述任务规划以及实施过程,遇到的重难点以及解决过程,总结海外社交媒体广告的操作技巧等,要求不少于 800 字。

	考核评价(按 10 分制)	
教师评语:	态度分数	
	工作量分数	
	考评规则	

工作量考核标准

1. 任务完成及时。
2. 操作规范。
3. 实施报告书内容真实可靠、条理清晰、文本流畅、逻辑性强。
4. 没有完成工作量扣 1 分,故意抄袭实施报告扣 5 分。

工作任务二　跨境独立站站内营销

子任务一　站内营销工具介绍

- 掌握跨境独立站站内营销工具的种类
- 掌握跨境独立站站内营销工具的区别

- 正确认识跨境独立站站内营销工具的种类
- 正确分清跨境独立站站内营销工具的区别

- 遵守各国法律法规进行商业活动
- 具有良好的职业道德
- 拥有符合商业规则的价值观
- 具有良好的道德观

"黑色星期五"即将到来,跨境独立站 Mototo 的管理员 Lucy 整理了站内可以用到的所有营销方式,结合活动性质和产品特性,为不同类别的产品选择了合适的推广方案。

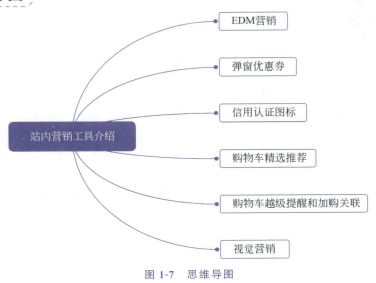

图 1-7　思维导图

工作领域一　跨境独立站营销基础操作

一、相关知识

站内营销方式包括以下几种。

1. EDM 营销
新品、打折、催付、节假日、清仓等。

2. 弹窗优惠券
促转化、获取邮箱、提升复购。

3. 信用认证图标
建立信任、促转化、提升品牌形象。

4. 购物车精选推荐
提升客单价、提升利润率、提升动销率、拉动利润款。

5. 购物车越级提醒和加购关联
增加停留时间、提升访问深度、提升动销率、拉动利润款。

6. 视觉营销
提升店铺专业度、提升店铺美观度、提升消费者购物体验、提升点击率。

二、任务概述

了解常用的站内营销方式,包括 EDM 营销、弹窗优惠券、信用认证图标、购物车精选推荐、购物车越级提醒和加购关联、视觉营销等。

三、任务实施

四、重点小结

(1)营销一个产品时可以同时使用多种营销工具。
(2)一定要了解各种营销工具的优先级,确保产品的最终价格是自己想达到的价格。

五、问题研讨

(1)跨境独立站的站内营销方式有哪些?
(2)现在要上架一批新品运动鞋,采用哪种营销方式比较好?

六、任务拓展

Lucy 掌握了独立站站内营销方式,接下来要对产品进行营销设置。站内营销工具如何使用?

子任务二　站内营销工具的使用

知识目标

- 掌握跨境独立站站内营销工具的使用流程
- 掌握跨境独立站站内折扣的设置

技能目标

- 完成符合需求的站内折扣设置
- 正确认识独立站营销工具的使用流程

思政目标

- 遵守各国法律法规进行商业活动
- 具有良好的职业道德
- 拥有符合商业规则的价值观
- 具有良好的道德观

案例导入

Lucy 针对独立站的不同产品,利用站内营销工具对要营销的产品进行了营销设置,并对每个不同的营销工具分别按照需求进行设置。

思维导图

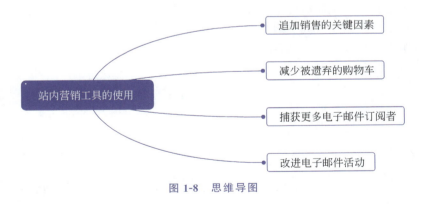

图 1-8　思维导图

一、相关知识

独立站营销手法主要分为站内运营和站外运营,站内运营包括 EDM 营销、弹窗优惠券、信用认证图标、购物车精选推荐、购物车越级提醒和加购关联、视觉营销等。

最常用的是 EDM 营销,在使用时需要注意以下几点。

工作领域一　跨境独立站营销基础操作

1. 追加销售的关键因素
（1）加售产品与原始产品相关。
（2）在客户可接受的价格范围内。

2. 减少被遗弃的购物车
向放弃购物车的顾客发送邮件，提醒对方完成支付。

3. 捕获更多电子邮件订阅者
电子邮件是独立站在线营销中最好的渠道，它可以为商店带来流量，补充内容营销。

4. 改进电子邮件活动
在每天早上及下午 6 点以后发送的邮件更有可能被客户浏览，定期发送的及针对客户特点发送的邮件更受客户欢迎。

二、任务概述

掌握最常用的站内营销工具 EDM 营销的注意事项，包括追加销售的关键因素、减少被遗弃的购物车、捕获更多电子邮件订阅者、改进电子邮件活动。

三、任务实施

四、重点小结

（1）营销工具可以提高成交率和成交金额。
（2）营销工具可以缩短成交周期。
（3）营销工具可以使营销更容易上手。

五、问题研讨

（1）如何对产品进行折扣设置？
（2）如何发送营销邮件？

六、任务拓展

Lucy 已经学会了如何使用站内营销工具，接下来要制定今年的营销策略。如何制定独立站站内营销策略？

子任务三　站内营销策略制定

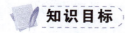 **知识目标**

- 掌握跨境独立站站内营销策略的制定流程

- 掌握跨境独立站站内营销策略的制定规则

技能目标

- 正确制定跨境独立站站内营销策略
- 完成符合需求的站内营销策略

思政目标

- 遵守各国法律法规进行商业活动
- 具有良好的职业道德
- 拥有符合商业规则的价值观
- 具有良好的道德观

案例导入

第一次营销活动过后，Lucy发现独立站的营销活动需要提前规划，并对产品和预算进行提前布局。结合各方面的影响因素，Lucy准备对将要到来的活动制定站内营销策略。

思维导图

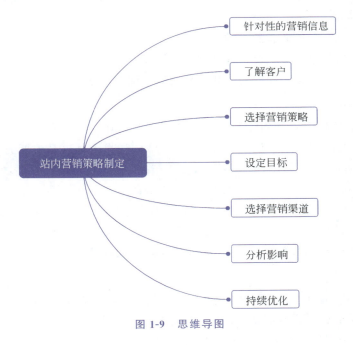

图1-9　思维导图

一、相关知识

制定营销策略的注意事项如下。

1. 针对性的营销信息

通过在营销中使用一致且有针对性的信息，可以为客户提供可帮助他们决定购买产品的信息。每次制作广告或创建内容时，请务必使用您的信息反映您的品牌。

2. 了解客户

可以想象一下哪类客户可能会查找您的产品。想想他们的人口统计学特征：年龄、性别、角色、经济状况和地点。他们面临哪些挑战？有哪些具体的个性特点？越了解可能购买产品的客户的类型，就越能更好地为他们量身订制营销内容。营销不可能引起每个人的注意，但可以吸引更可能购买您的产品的客户。

3. 选择营销策略

您使用的营销策略专为您的商店而订制，并且取决于销售的产品、客户以及品牌。应选择对业务有意义的策略，而非试图做所有事情。

营销计划可能包括以下某些策略。

（1）调查：收集反馈和分析数据。

（2）产品定价：为产品设定在市场中具有竞争力的价格。

（3）销售和促销：提供折扣并计划促销。

（4）内容开发：为博客、社交媒体或其他渠道创建视觉或书面内容。

（5）电子邮件：向细分客户发送品牌电子邮件广告宣传；通过印刷品、音频或在线广告宣传产品或服务。

（6）公共关系：管理商店的声誉和品牌。

（7）客户服务：通过提供支持提升客户忠诚度。

（8）社区参与：根据共同的关注和兴趣与客户建立联系。

4. 设定目标

每项营销活动都应从一个具体的、可量化的目标开始。设定目标后，就会知道营销策略是否成功，并可以按需进行调整。目标可以是短期的，也可以是长期的，它应该专注于吸引新客户、增加回头客，或者销售一定数量的产品。

设定目标可能具有难度，刚开始销售时尤为如此。建议从短期目标开始，这样就能快速发现自己是否在朝着正确的方向前进。分析营销对较小的短期目标的影响比较容易。如果无法实现营销目标，建议尝试计划更小的目标和稍难实现的延展目标。如果商店达到目标那么可以在知晓营销活动取得成功的情况下朝着延展目标努力。

5. 选择营销渠道

可通过多种渠道推广您的商店，包括付费广告、博客文章、新闻稿、社交媒体和电子邮件。一些营销渠道更适合短期目标，其他渠道更适合长期保留客户。可以通过不同方式开发所使用的多种渠道，并吸引不同的细分客户。例如，可以购买在线广告以吸引新客户，并维护博客以吸引客户重复访问您的商店。

无论在营销策略中投入的是时间还是金钱，营销产品都需要一定的成本。请确保在选择营销渠道并开始制作广告和内容之前先设置预算。

6. 分析影响

分析营销的影响可帮助您做出关于未来营销计划的决策,并可避免在没有成效的营销上浪费时间或金钱。您可能会发现您的消息存在问题,或者认定营销渠道不适合您的商店。

在促销或营销活动期间,通过将目标分解为一些阶段要求以跟踪进度。例如,如果要尝试在一个月内将商店流量增加 500 次新访问,则可能需要将该目标分为每天或每周的要求以跟踪进度。如果您的商店有望达到或超过目标,那么可以考虑扩大营销或增加其他目标。如果您的商店未达到阶段要求,那么可以在活动结束前进行更改以改善结果。

在促销或营销活动结束时应分析结果。可以探索商店流量和产品的销售模式。如果在广告活动或促销期间持续跟踪进度并进行了更改,则可以分析每项更改产生的影响。

7. 持续优化

规划营销和制定战略是一项长期任务。每当更改营销策略、产品、商店或品牌时,都应该查看营销计划,明确是否需要进行任何更改。随着积累的经验越来越丰富,您可以更轻松、更快速地做出决策,因为您将更了解哪些措施会增加商店的销量。

二、任务概述

掌握站内营销策略制定流程,包括针对性的营销信息、了解客户、选择营销策略、设定目标、选择营销渠道、分析影响、持续优化。

三、任务实施

四、重点小结

(1)营销可能会令人困惑,刚开始销售时尤为如此。您可能认为营销过于复杂或昂贵,无法为您的业务服务。也许您曾尝试过一两个想法,但都没有取得成功。如果您陷入困境,那么制定营销计划可能会有所帮助。

(2)您可能会使用多种策略吸引和留住客户,这些策略都是您的营销策略的一部分,营销计划中概述了这些策略的使用方式和时间。营销计划可帮助您确定要尝试联系的对象、想表述的内容以及表达方式。了解您的营销目标,可让您在销售周期的不同阶段更轻松地找到适合商店的营销策略。

五、问题研讨

(1)在制定营销策略时,需要考虑哪些因素?

(2)后续如何优化营销策略?

六、任务拓展

Lucy 制定了今年的营销策略,接下来需要结合独立站的数据不断优化策略。独立站站内流量和转化指标有哪些?

子任务四　站内流量和转化指标分析

知识目标

- 掌握站内流量和转化指标的核心因素
- 掌握分析站内流量和转化指标的方法

技能目标

- 正确掌握站内流量和转化指标的核心因素
- 正确认识站内流量和转化指标核心因素的分析方法

思政目标

- 遵守各国法律法规进行商业活动
- 具有良好的职业道德
- 拥有符合商业规则的价值观
- 具有良好的道德观

案例导入

跨境独立站 Mototo 已经稳步运营了 3 个月,管理员 Lucy 收集了后台的数据,包括流量、访客、点击率、转化率、复购率等指标,制作成分析报表,对独立站和产品进行优化。

思维导图

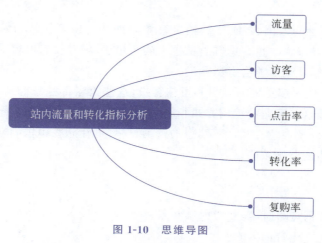

图 1-10　思维导图

一、相关知识

站内流量和转化指标的意义如下。

1. 流量

店铺流量低：说明曝光不够,需要拉升曝光度。

解决方案：提高付费广告的投入,提升 SEO,上传更多的商品。

店铺流量低增：说明流量投入是正确的,在流量增长的同时还要看转化率和客户的访问深度。

2. 访客

访客少：说明带流量的商品不够吸引人,尝试更换引流款商品的主图和商品,做 A/B 测试并监控效果。

3. 点击率

点击率低(低于 5%,具体参考同行数据)：说明客户没有点击欲望,可能是商品的视觉和投放人群有问题,可以尝试调整,也可以尝试调整价格。

4. 转化率

转化率低(低于 1%,具体参考同行数据)：影响转化率的核心因素是价格、详情页描述和品牌。

解决方案：尝试优化价格、优化详情页描述和提升品牌成熟度。

5. 复购率

老客户营销不够好：尝试多上新品和多做老客户的邮件营销及社交媒体群组营销。

二、任务概述

分析影响站内流量和转化的指标,包括流量、访客、点击率、转化率、复购率。

三、任务实施

四、重点小结

(1) 每项数据都能反映一定的问题,针对问题进行优化。

(2) 在分析站内流量和转化指标时,注意选择相应周期的数据,时间过长或者过短都无法正确反映问题。

五、问题研讨

针对独立站数据,需要对哪些数据进行分析？

六、任务拓展

Lucy 分析了独立站站内流量和转化指标,接下来要对访客行为指标进行分析。如何分析访客行为指标?

子任务五　访客行为指标分析

- 掌握访客行为指标的核心因素
- 掌握分析访客行为指标的方法

- 正确掌握访客行为指标的核心因素
- 正确分析访客行为指标

- 遵守各国法律法规进行商业活动
- 具有良好的职业道德
- 拥有符合商业规则的价值观
- 具有良好的道德观

Lucy 整理了独立站访客行为指标,并将其制作成分析报表,从引流和转化两方面进行分析,以优化独立站和产品的设计,并且对部分客户进行邮件营销等,以进一步促进独立站的转化。

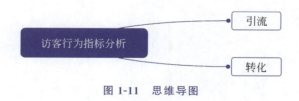

图 1-11　思维导图

一、相关知识

访客行为指标分析如下。

1. 引流

商品曝光给消费者后,消费者会有两种行为——点击或者不点击。点击之后就是访客,不点击代表流量流失。引流的重点就是投放的群体是否适合我们的品类,所以消费者行为体现了我们的流量效率。

2. 转化

转化第一阶段分为两种情况,一是加购、收藏、下单,二是离开。第一种情况可以通过客户运营促使客户付款(降价、客服和促销),第二种情况要分析客户跳失的原因,如价格或者购买障碍。转化第二阶段也分为两种情况,一是付款,二是不付款。第一种情况是认可我们商品的客户,要珍惜并且做好维护,第二种情况要分析客户拒绝付款的原因(改变主意或者购买障碍)。

二、任务概述

学习分析访客行为指标,包括引流和转化。

三、任务实施

四、重点小结

通过对监测访客行为获得的数据进行分析,可以让企业更加详细、清楚地了解用户的行为习惯,从而找出独立站、推广渠道等企业营销环境存在的问题,有助于企业发掘高转化率页面,让企业的营销更加精准、有效,提高业务转化率,从而提升独立站的广告收益。

五、问题研讨

(1)结合独立站数据制作访客行为指标分析报表。
(2)结合某产品的访客数据对产品访客行为指标进行分析。

六、任务拓展

Lucy分析了独立站的访客行为指标,发现了独立站存在很多问题。如何对独立站进行诊断和监测?

子任务六 独立站诊断和监测

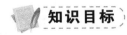

- 掌握跨境独立站的诊断流程
- 掌握跨境独立站的监测流程

技能目标

- 正确诊断跨境独立站
- 正确监测跨境独立站

思政目标

- 遵守各国法律法规进行商业活动
- 具有良好的职业道德
- 拥有符合商业规则的价值观
- 具有良好的道德观

案例导入

Lucy 发现,在运营独立站的过程中,即使提前制定好计划,也会不断发现新的问题,各方面都需要经常查看和优化。独立站的诊断和监测在运营过程中也极为重要,各个模块之间是相辅相成的。

思维导图

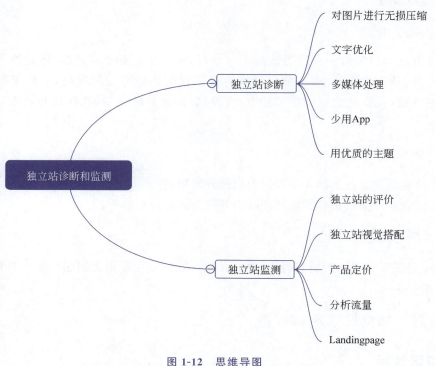

图 1-12 思维导图

一、相关知识

独立站诊断和监测分为以下几点。

1．独立站诊断

1）对图片进行无损压缩

图片占网站内存的70％以上，图片大小会直接影响网站的加载速度，可以用图片压缩工具定期对独立站的新图片进行自动压缩，压缩完成后，店铺的访问速度会提高很多。

2）文字优化

文字尽量使用浏览器或者系统默认的语言，如果使用其他语言，而用户的设备上没有这种语言，那么系统会把这种语言替换成默认语言，这个过程会影响网站的加载速度，还可能会造成排版错乱。

3）多媒体处理

短视频可以换成GIF动图，或者压缩视频，可以把视频的格式从AVI转换成MP4或HTML，这样视频所占的内容就会大大缩小了。

4）少用App

5）用优质的主题

2．独立站监测

1）独立站的评价

这部分内容相当重要，不单单是独立站，每个平台都非常注重用户的评价体系，产品的基础评价不仅决定着独立站的信任度，也决定着转化率的提升空间。

例如，我们从买家的角度想，如果一个商品没有评价，我们会考虑这个商品的真实性（购买后商家会不会发货，几天内能发货，是不是无人打理等）、无参考标准（Listing描述得天花乱坠，实际上到底是什么样的）。虽然这是电商的通病，但是无基础评价只会是百害无一利。所以基础的评价是必要的。

2）独立站视觉搭配

描述单产品的Listing比较简单，虽然都罗列了出来，逻辑性和整体性比较好，但是缺乏亮点和卖点。

建议在描述中增加一些视觉元素，例如将文字用一张图片显现出来（产品详情页长图），也可以增加一些视频链接，使Listing描述更加丰满，在某种程度上可能会增加转化率。

3）产品定价

产品定价要以产品＋物流＋运营成本为基准，适当定利润，独立站的产品价格要有层次感，好的网站引流款、利润款和主推款要合理搭配，层次要拉开。

4）分析流量

利用流量分析网站分析独立站的流量情况，也可以利用此类网站查看竞争对手的流量数据和来源。

5）Landingpage

（1）可以利用LOGO做一个网站图标。

（2）首页幻灯片可以多加几张图片，增强丰富感。

（3）公告栏的背景色与整体风格要搭配，可选用黑底白字。

（4）页面在显眼位置要突出优惠、促销、打折信息。

（5）页面应增加视频模块，制作产品过程、品牌介绍的视频，或者链接YouTube相关视频，使页面整体更有层次和更加丰富。

二、任务概述

学习独立站诊断和监测的流程，包括对图片进行无损压缩、文字优化、多媒体处理、独立站的评价、独立站视觉搭配、产品定价、分析流量、Landingpage等。

三、任务实施

四、重点小结

（1）插件的使用在很多时候会对我们的独立站起到至关重要的作用，但是要合理控制，因为过多插件的安装会导致网站的跳转速度变慢，因此并不是越多越好，而是应适当使用。

（2）独立站成功的五大要素：选品、流量、信任度、转化率和Landingpage。每个要素都很重要，要认真对待。

（3）独立站本身无自然流量，一定要建好自己的私域流量池并妥善维护。

（4）主要从产品、页面、信任度等方面对店铺进行简单的诊断。网站的五大因素内容比较杂，不一定要面面俱到，抓住几个点和同行对比和优化就会有竞争力。

五、问题研讨

（1）如何对独立站进行诊断？

（2）如何对独立站进行监测？

六、任务拓展

独立站站内营销和数据分析都做好之后，需要优化独立站的视觉设计。视觉营销设计的基本原理是什么？

学习成果达成与测评

项目名称	跨境独立站站内营销		学时	16	学分	0.2
职业技能等级	初级	职业能力	跨境独立站营销策略制定、营销工具的使用、数据分析和监测		子任务数	6个
序号	评价内容	评价标准				分数
1	站内营销工具介绍	正确认识跨境独立站站内营销工具的种类 正确分清跨境独立站站内营销工具的区别				
2	站内营销工具的使用	完成符合需求的站内折扣设置 正确认识独立站营销工具的使用流程				
3	站内营销策略制定	正确制定跨境独立站站内营销策略 完成符合需求的站内营销策略				
4	站内流量和转化指标分析	正确掌握站内流量和转化指标的核心因素 正确认识站内流量和转化指标核心因素的分析方法				
5	访客行为指标分析	正确掌握访客行为指标的核心因素 正确分析访客行为指标				
6	独立站诊断和监测	正确诊断跨境独立站 正确监测跨境独立站				
考核评价	项目整体分数(每项评价内容分值为1分)					
	指导教师评语					
备注	奖励： 1. 按照完成质量给予1~10分奖励,额外加分不超过5分。 2. 每超额完成1个任务,额外加3分。 3. 巩固提升任务完成优秀,额外加2分。 惩罚： 1. 完成任务超过规定时间扣2分。 2. 完成任务有缺项,每项扣2分。 3. 任务实施报告编写歪曲事实、个人杜撰或有抄袭内容,不予评分。					

习题与思考

1. 单选题

(1) 以下关于营销计划策略的说法中错误的是(　　)。

A. 针对目标国家的节假日排优先级

B. 针对节假日精准推送商品

C. 不需要提前做准备,节日来临时对店铺进行打折处理即可

D. 合理分配推广资源

(2) 在分析流量效率和访客行为数据时,以下意义不大的是( )。
　　A. 域名　　　　B. 性价比　　　　C. 目标市场　　　　D. 竞争力
(3) 以下关于弹窗优惠券的说法中错误的是( )。
　　A. 促进转化　　B. 获取用户邮箱　　C. 提升复购　　D. 提升客单价
(4) 在制定独立站全年营销计划时,以下没有参考价值的是( )。
　　A. 世界知名节假日时间表　　　　B. 卖家自己所在国家和地区的节假日
　　C. 时事热点等信息　　　　　　　D. 目标国家和地区的节假日
(5) 以下关于数据分析说法中错误的是( )。
　　A. 店铺流量低,上传再多商品也没有用
　　B. 访客少,可以尝试更换不同的产品主图
　　C. 点击率低,可以尝试降低产品价格
　　D. 价格、详情页、品牌都可能影响转化率

2. 多选题

(1) 以下属于常用站内营销手段的是( )。
　　A. EDM 营销　　　　　　　　　B. 弹窗优惠券
　　C. 信用认证图标　　　　　　　　D. 购物车精选推荐
(2) 以下关于营销计划策略的说法中正确的是( )。
　　A. 2 月以情人节为主,推荐饰品、珠宝、手表、箱包等产品
　　B. 4 月婚礼扎堆,推荐婚纱服饰、女鞋、饰品等产品
　　C. 12 月可以主推取暖设备、滑雪设备等产品
　　D. 针对特性鲜明的节日,应该主推符合活动特色的产品
(3) 以下关于营销预算规划的说法中正确的是( )。
　　A. 网红推荐作用不大,可以不使用
　　B. 视频作为营销载体的效果最好
　　C. 降低独立站的互动性
　　D. 重点投放在无线端
(4) 以下属于购物车精选推荐作用的是( )。
　　A. 提升利润率　　　　　　　　　B. 提升动销率
　　C. 拉动利润款　　　　　　　　　D. 降低客单价
(5) 以下属于购物车越级提醒作用的是( )。
　　A. 减少停留时长　　　　　　　　B. 降低利润款出单率
　　C. 提升访问深度　　　　　　　　D. 提升动销率

3. 判断题

(1) 消费者行为体现了独立站产品的流量效率。
答案:
(2) 客户未下单,跳失的原因可能是产品页面设计存在缺陷,导致客户产生购买障碍,而并非客户不喜欢产品。

答案：

(3) EDM营销可以在上新品、打折、催付、节假日、清仓时使用。

答案：

(4) 视觉营销不属于常用的站内营销方法。

答案：

(5) 定期进行老客户维护有利于增加独立站的动销率。

答案：

4. 案例分析题

Lily的宠物用品独立站在11月时已经运营了一年，独立站流量较大，但是点击和转化率较低，她计划对独立站的规模以及产品进行扩充，请你帮助Lily制定营销计划，提前为下一年做好准备。

(1) 帮Lily制定接下来一年的营销计划（今年12月至次年12月）。

(2) 帮助Lily分析今年的独立站数据，并提出优化方案。

参考答案

1. 单选题

(1) C (2) A (3) D (4) B (5) A

2. 多选题

(1) ABCD (2) ABCD (3) BD (4) ABC (5) CD

3. 判断题

(1) 正确 (2) 正确 (3) 正确 (4) 错误 (5) 正确

4. 案例分析题

略

学习成果实施报告书

题目					
班级		姓名		学号	
任务实施报告					

请简要记述本工作任务学习过程中完成的各项任务，描述任务规划以及实施过程，遇到的重难点以及解决过程，总结海外社交媒体广告操作技巧等，要求不少于800字。

续表

考核评价（按 10 分制）		
教师评语：	态度分数	
	工作量分数	
考评规则		

工作量考核标准
1. 任务完成及时。
2. 操作规范。
3. 实施报告书内容真实可靠、条理清晰、文本流畅、逻辑性强。
4. 没有完成工作量扣 1 分，故意抄袭实施报告扣 5 分。

工作任务三　跨境独立站视觉营销

子任务一　视觉营销设计基本原理

 知识目标

- 掌握视觉营销设计的基本原理
- 掌握视觉营销设计的流程

 技能目标

- 正确设计符合需求的视觉营销
- 完成视觉营销的各模块设计

思政目标

- 遵守各国法律法规进行商业活动
- 具有良好的职业道德
- 拥有符合商业规则的价值观
- 具有良好的道德观

 案例导入

独立站设计师 Cherry 结合视觉营销的设计原理，从不同的角度出发，优化了独立站各个页面和产品细节的设计。将跨境独立站 Mototo 设计得更加美观，并且有效提高了网站的打开速度，并对之前没有注意到的细节，例如一些小的按钮等进行了优化，使整个独立站更加符合客户的审美习惯。

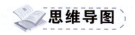

思维导图

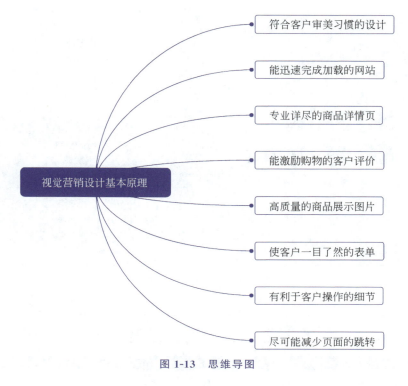

图 1-13　思维导图

一、相关知识

视觉营销的基本原理和目的是打造令客户满意的购物环境,优化网站的各个环节,增强客户的整体购物体验。

视觉营销设计的基本原理如下。

1. 符合客户审美习惯的设计

在视觉上,要吸引客户的眼球,留住他们的步伐。

一方水土养一方人,不同国家和地区的人在审美上存在着诸多差异,因此,在设计外贸网站时要考虑中西方的审美差异,在设计上需要更倾向西方人的审美和浏览习惯。

1)西方的设计风格

网站页面整洁,层次感强,装饰性元素少,常用色块作为修饰,以保持页面的整体感(图 1-14)。

2)国内的设计风格

页面中的产品种类一应俱全,页面丰富、华丽,视觉冲击强烈(图 1-15)。

2. 能迅速完成加载的网站

提高网站的加载速度,减少客户的等候时长,从而降低客户流失。

工作领域一　跨境独立站营销基础操作

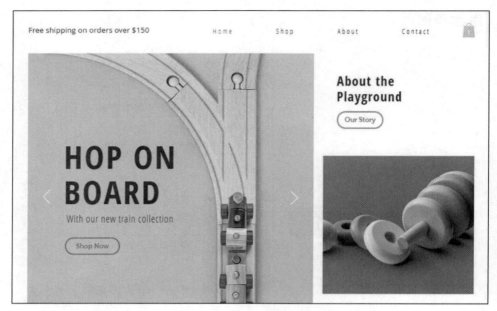

图 1-14 西方的设计风格

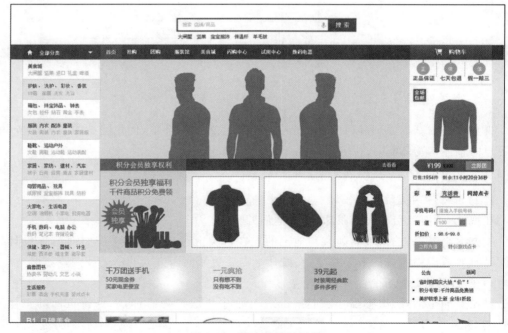

图 1-15 国内的设计风格

网站加载时间过长是造成用户流失的主要原因之一。据调查数据显示,客户对于网站加载时间的要求一般在 5 秒内,因此,您需要将网站的加载时间控制在 5 秒内,才能留住更多的客户(图 1-16)。可以通过优化脚本文件或使用 CDN 加速等方式提高网站的加载速度。

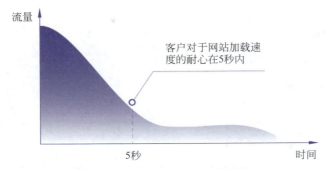

图 1-16　网站加载时长和流量的关系

如果您不知从何处着手优化网站的加载速度,您可以利用网上的一些免费测速工具对网站进行响应分析,了解您的网站有哪些方面可以进一步优化。

3. 专业详尽的商品详情页

在您的商品详情页面中,应全面地展现您的产品。

对于客户而言,进入商品详情页面是为了更详细地了解商品,因此,在设计商品详情页时应尽可能地将商品颜色、细节图等详情展现给客户,从而让客户快速了解您的产品。

4. 能激励购物的客户评价

利用客户评价快速赢得客户的信任。

客户评价是商品详情页中不可缺少的一部分,也是客户了解商品的途径之一。如果说详尽的商品详情页是商家对商品的主观介绍,那么客户评价则是客户对商品的客观介绍,这样的介绍对于客户而言更真实,也更有说服力(图1-17)。

真实顾客的评价有助于提高客户的购物信心。

5. 高质量的商品展示图片

高质量的商品展示图不但能够让您的网站更专业,还可以提高客户的购买欲望。

需要注意的是,图片文件过大会影响网页的加载速度,建议将图片保存为JPG格式,该格式在压缩图片文件大小的同时,不会过多影响图片的质量,可以在保证高质量图片的同时,也保证了网页的加载速度。此外,高质量的商品展示图片通常具备以下三点特征。

1) 展现产品本身特性

产品拍摄要把握"干净高清,突出主体"的原则,建议采用纯色背景,或营造简单场景,突出产品质感。拍摄后进行简单修图,尽可能地展现产品本身的特性(图1-18)。

2) 适合产品的图片比例

如果产品在水平方向比较长,可采用横向长方形;如果产品在垂直方向比较长,可采用纵向长方形;如果产品呈多样化,使用正方形最佳(图1-19)。

3) 产品在图片中的占比

产品在画布空间的占比即产品面积占整个图片面积的比例,控制在80%～90%最为适宜,视觉上更舒服(图1-20)。

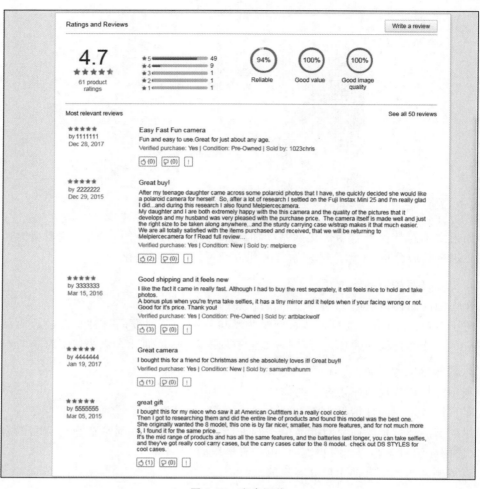

图 1-17　客户评价

图 1-18　拍摄道具

图 1-19 图片比例

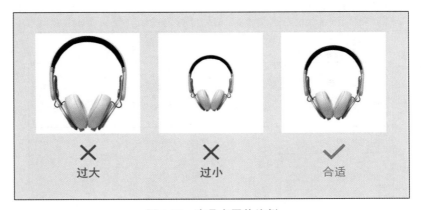

图 1-20 产品占图片比例

6. 使客户一目了然的表单

精简表单,让客户可以快速了解所需填写的信息。

在设计表单时,请避免将所需填写的内容逐步呈现在客户的面前,或让客户填写多余的信息,这样容易令客户失去填写的耐心。应该尽可能地精简表单内容,并将所需填写的信息一次性地呈现在一张表单中,让客户对自己所需填写的信息一目了然(图 1-21)。

将所需填写的信息分成多个步骤增加了填写的复杂程度,会使客户感觉需要花费很多时间,容易让客户失去填写的耐心(图 1-22)。

将所需填写的信息一次性展现,令客户对所需填写的信息有一个大概的了解,全让客户感觉并不会花费太多时间,可以激励客户继续填写。

7. 有利于客户操作的细节

细节决定一切,要让客户感受到您的良苦用心。

一个好的网站设计绝不能只注重于整体,更要注重细节。您可以通过一些细节设计减少客户的用时和点击次数,让客户更快地进入结账页面,提升客户的操作体验。

在客户填写运送信息或确认订单的页面中,您可以将目标客户所在地或常见的国家和地区显示在最前面,让客户可以立即选定(图 1-23)。

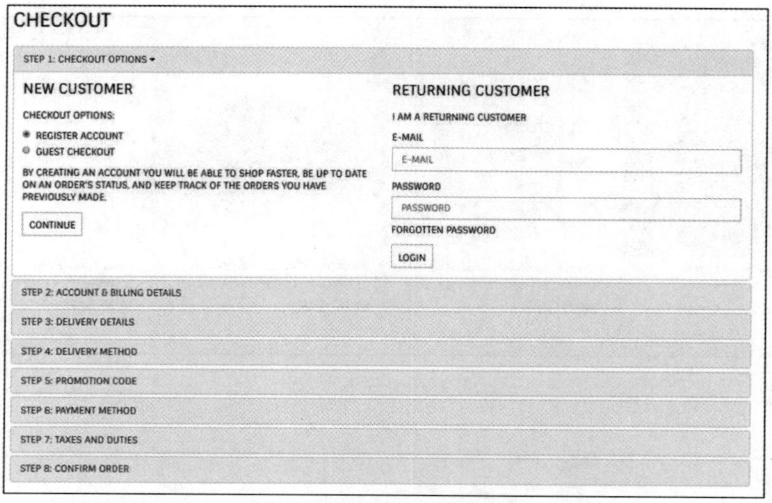

图 1-21　一目了然的表单

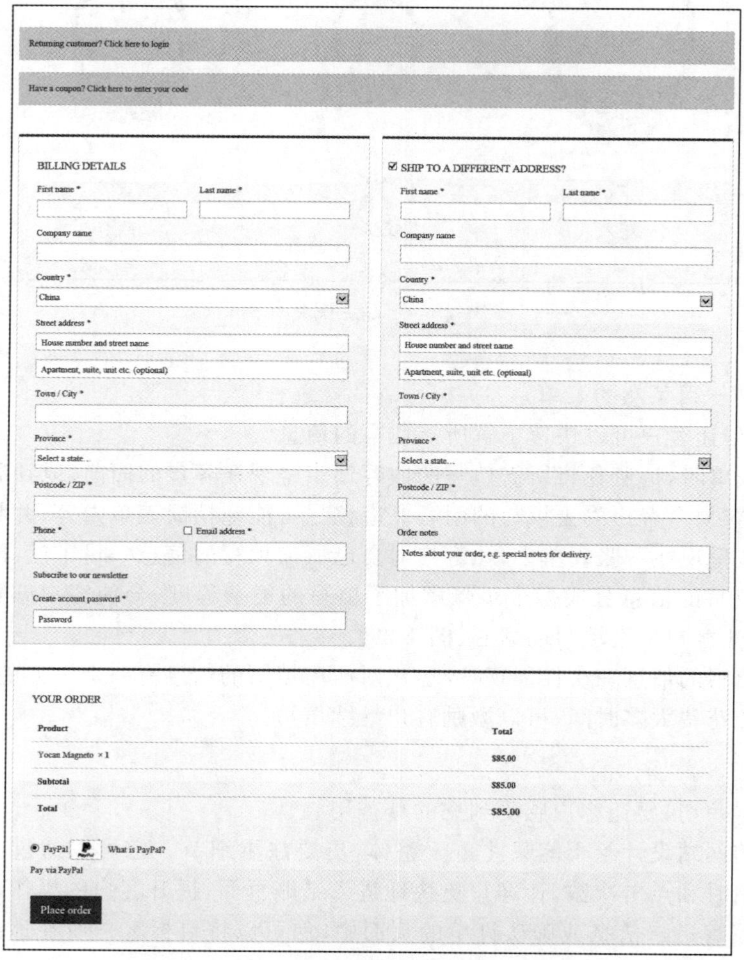

图 1-22　复杂的表单

图 1-23　下拉框细节展示

在选择支付方式页面,可以为客户预选常用的支付方式,减少客户的点击次数(图1-24)。

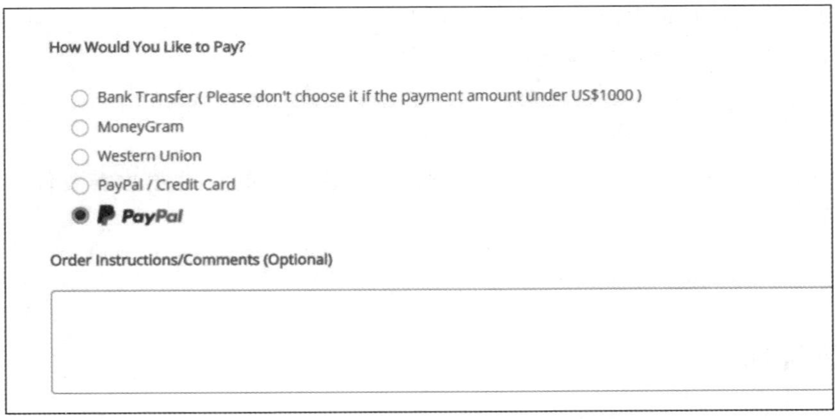

图 1-24　细节设计

8. 尽可能减少页面的跳转

减少页面的跳转,为客户提供最便捷的操作流程。

在用户越来越重视操作体验的今天,通过减少页面跳转、避免用户重复操作可以极大地提升客户体验。例如,您可以将购物车与结账设计在同一页面中,这样做的好处在于既方便客户在查看商品明细后可以安心结账,也方便客户在移动端进行购物。

二、任务概述

学习视觉营销的基本原理,包括符合客户审美习惯的设计、能迅速完成加载的网站、专业详尽的商品详情页、能激励购物的客户评价、高质量的商品展示图片、使客户一目了然的表单、有利于客户操作的细节、尽可能减少页面的跳转。

三、任务实施

四、重点小结

(1)视觉营销要求有清晰准确的产品定位和营销作为指引,以形成品牌定位与视觉定位的高度统一。

(2)在整个过程中,独立站视觉营销需要遵循目的性、审美性、实用性。

(3)做视觉营销并不仅仅是简单地做好美工就可以,还需要做好前端与后端的结合,同时要利用好广告元素。

五、问题研讨

(1)视觉营销设计的基本原理包括哪些?
(2)任选其中一项设计原理进行详细讲解。

六、任务拓展

Cherry掌握了视觉营销设计的基本原理,发现独立站的产品图片需要优化。产品图像如何拍摄和处理?

子任务二 产品图像拍摄与处理

知识目标

- 掌握产品图像的拍摄准备
- 掌握产品图像的拍摄流程
- 掌握产品图像的处理要求

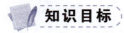

- 完成产片图像拍摄前的准备
- 完成产品图像的拍摄
- 完成产品图像的处理优化

思政目标

- 遵守各国法律法规进行商业活动
- 具有良好的职业道德
- 拥有符合商业规则的价值观
- 具有良好的道德观

案例导入

跨境独立站 Mototo 之前的图片拍摄一直是外包进行的,效果并不令人满意。独立站管理员 Lucy 和设计师 Cherry 对独立站图片的需求更加了解,他们准备好拍摄设备,和摄影师进行了详细的沟通,最终摄影师对产品进行了全方位的拍摄,并按照他们的要求优化了图片,成片效果比之前好了很多。

思维导图

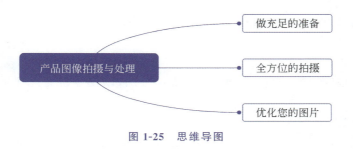

图 1-25 思维导图

一、相关知识

高质量的产品图可以提高网站转化率,对于吸引客户、传达产品特性和增强客户购物信心都是至关重要的。在网上购物交易中,产品图作为客户第一印象的来源,其质量的好坏尤为重要。高质量的产品图不仅能够抓住客户的注意力,更能向客户准确、直接地展示产品特性,从而建立客户的购物信心,提升网站转化率。

高质量产品图的制作分为准备、拍摄、优化三个阶段,下面解析不同阶段需要准备什么、注意什么,以帮助您清晰地了解高质量产品图的制作过程。

1. 做充足的准备

为拍摄做好充足的准备工作。

想要完成高质量的产品拍摄,前期的准备工作是必不可少的。

"干净清晰,突出产品"是产品拍摄的基本原则,而要想达到这一效果,对于产品的拍摄场景、拍摄工具和灯光效果都有着苛刻的要求,因此,在进行拍摄前做好相应的准备是必不可少的,通常情况下需要做以下三点准备。

1) 布置拍摄场景

产品是拍摄的主角,所有的注意力都应该聚焦在产品上,为此应该准备纯色或简单的场景,以突显您的产品。

2) 改善拍摄光线

拍摄时,产品的阴影、反射都会影响拍摄的效果,可以通过灯箱、漫射光等方式降低阴影和反射的干扰。

3) 准备三脚架

模糊的产品图是难以吸引用户的,因此需要准备一个三脚架以保持相机的稳定,拍摄出清晰的产品图。

2. 全方位的拍摄

对您的产品进行全方位的拍摄。

将产品的每个角度、每处细节都拍摄下来并展示给客户。

对于客户而言,线上购物时的最大障碍是无法直接接触产品,这也会直接影响客户的购物信心。因此,要对产品从整体到细节、从内到外进行全方面的拍摄,让客户通过产品图就可以对产品有详细的了解。可以依据以下三点进行拍摄。

1) 多方位拍摄

从顶部、底部、侧面等不同角度拍摄大量的产品图,让客户可以全方位地观察、欣赏产品。

2) 拍摄特写镜头

近距离地拍摄产品的材料、纹理、工艺等细节图,以便客户更好地了解产品的价值所在。

3) 拍摄应用场景图

将产品与不同的应用场景结合在一起,让客户更直观地感受产品的功能、效果,有助于激发用户的购买欲望。

拍摄小技巧如下。

1) 产品占图片的比例

在拍摄时,产品面积应占整个图片面积的 80%~90%,该比例既符合用户的视觉感受,也会令产品图显得更专业(图 1-26)。

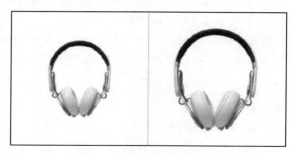

图 1-26 产品占图片的比例

2) 体现产品尺寸

部分产品的尺寸在产品图中看起来可能不会太明显,可将标尺或能够说明产品尺寸的物体放置在产品边,帮助用户了解产品的真实尺寸(图1-27)。

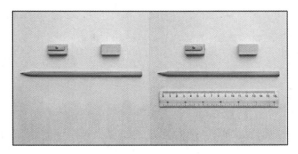

图 1-27　图片设计

使用道具的注意事项:在拍摄中使用道具时,请确保产品是产品图的"主角",千万不要出现道具遮挡或掩盖产品的情况,以免喧宾夺主(图1-28)。

图 1-28　图片设计

3. 优化您的图片

优化图片,展现产品最好的一面。优化并非过于美化,而是将产品最真实自然的一面呈现给客户。

拍摄完毕后,需要对拍摄的产品进行简单的处理与优化。注意,进行处理与优化一方面是为了还原产品本身的特性,以真实地呈现给客户,请勿过度美化,避免实物与图片不符;另一方面是为了让产品图以统一的规格上传到网站,以保证产品图在网站中的展示效果。

图片处理与优化的建议如下。

1)还原产品真实色彩

由于灯光、反射等问题,拍摄的产品图可能会有偏差,可以通过修图软件尽可能地还原产品的真实色彩,切勿使用滤镜,过于美化会导致产品图失真。

2)统一产品图的规格

所有的产品图需要采用相同的规格。建议将产品图的规格控制在1000～1500像素之间,这样客户可以随意放大和缩小图片,查看产品的各个细节。

3)合适的产品图比例

正方形兼容各样式的产品。可以根据产品样式选择产品图的比例,如产品以水平方向长为主,可采用横向长方形;产品以垂直方向高为主,可采用纵向长方形;产品多样化,则选择正方形。

4) 合理添加水印

如果需要添加水印,建议将水印统一添加在产品图的某一个位置(如左上角),但切勿让水印直接遮盖住产品,影响客户的整体视觉感受。

二、任务概述

学习产品图像的拍摄与处理,包括做充足的准备、全方位的拍摄、优化图片。

三、任务实施

四、重点小结

(1) 检验成果,确保最好的呈现。

(2) 完成对产品图的制作后,检查产品图的清晰度、颜色对比度、亮度等方面的细节,向客户展示产品真实特性,让产品图更具吸引力,从而增强客户的购物欲望,提高网站销售和转化率。

五、问题研讨

(1) 产品拍摄前需要做什么准备?
(2) 图片如何拍摄和处理?

六、任务拓展

独立站的视觉营销设计不仅仅是对图片进行处理,还需要考虑整个独立站的风格等。如何设计独立站站内视觉营销?

子任务三　站内视觉营销设计

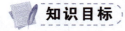 知识目标

- 掌握站内视觉营销设计的流程
- 掌握站内视觉营销的逻辑

技能目标

- 正确掌握站内视觉营销的规范流程
- 完成站内视觉营销的设计

思政目标

- 遵守各国法律法规进行商业活动
- 具有良好的职业道德
- 拥有符合商业规则的价值观
- 具有良好的道德观

案例导入

跨境独立站 Mototo 之前的设计只注重整体，设计师 Cherry 查看了很多竞争对手的独立站，发现 Mototo 的其他设计有所欠缺，她从网站设计、网站安全、结账流程、促销活动等不同维度对独立站的设计进行了优化。

思维导图

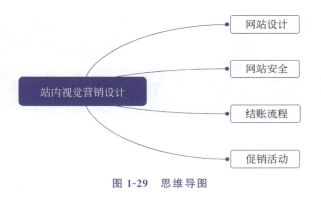

图 1-29 思维导图

一、相关知识

独立站视觉营销设计是客户对网站的第一印象，也是决定客户是否继续浏览的首要因素，好的视觉营销设计能够大大降低客户的跳失率。

独立站视觉营销设计的注意事项如下。

1. 网站设计

网站设计是决定客户是否继续浏览网站的首要因素。

一个好的网站设计可以让更多的客户愿意继续浏览网站。而网站设计的好与坏可以从网站设计风格、加载速度、商品详情页等方面考量（图 1-30）。

2. 网站安全

在网站展示网站认证和合作的品牌标识，也是增强客户购物信心的重要部分。

让客户知道您的网站值得信赖。

在网站的显眼处展示认证证书和品牌标识，向客户证明您的网站是安全和值得信赖的。

工作领域一　跨境独立站营销基础操作　49

图 1-30　影响客户访问的因素

客户在进行网购时，对于网站的安全问题十分重视，而客户判断网站是否安全和值得信赖，首先是通过网站中的相关认证证书或品牌标识做出判断的。因此需要在网站的首页、产品、购物车等页面展示以下两类证书，向客户证明网站是安全和值得信赖的（图 1-31）。

图 1-31　网站安全设计

3. 结账流程

结账流程对于跳失率的影响仅次于网站设计，是客户放弃购物的高发环节，可以说结账流程直接影响着网站的销售额。

结账流程事关客户的结账体验，也是客户放弃购物的高发环节，优化结账流程是一个漫长的过程，但您并不是孤军奋斗，可以用 PayPal 等快速收款，也可以通过其他产品优化网站结账流程（图 1-32）。

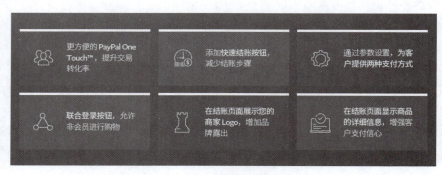

图 1-32　结账流程优化

4. 促销活动

促销活动可以勾起客户的购物欲望,或刺激客户的购物决心,从而提升网站的成交率。

当客户进入您的网站时,说明他们都带有一定的购物心理,可以通过不同的促销活动刺激他们的购物欲望。

二、任务概述

掌握视觉营销设计的方向,包括网站设计、网站安全、结账流程、促销活动。

三、任务实施

四、重点小结

(1)必不可少的移动端优化。潜藏巨大商机的移动端是不可忽略的重要市场。

(2)对于商家而言,支持移动设备的网站是必不可少的一部分,不仅仅是因为移动设备的普及,更重要的是越来越多的人喜欢通过移动设备进行购物,据调查,有45%的智能手机用户会通过他们的手机进行购物。

五、问题研讨

(1)站内视觉营销设计需要考虑哪些因素?
(2)任选其中一个因素进行详细讲解。

六、任务拓展

了解独立站视觉营销设计的原理之后,对自己的独立站进行视觉营销优化。

学习成果达成与测评

项目名称	跨境独立站视觉营销		学时	16	学分	0.2
职业技能等级	初级	职业能力	视觉营销设计基本原理、产品图像拍摄与处理、站内视觉营销设计		子任务数	3个
序号	评价内容		评 价 标 准			分数
1	视觉营销设计基本原理		正确设计符合需求的视觉营销 完成视觉营销的各模块设计			
2	产品图像拍摄与处理		完成产品图像拍摄前的准备 完成产品图像的拍摄 完成产品图像的处理优化			

续表

序号	评价内容	评价标准	分数
3	站内视觉营销设计	正确掌握站内视觉营销的规范流程 完成站内视觉营销的设计	
考核评价	项目整体分数(每项评价内容分值为1分)		
	指导教师评语		
备注	奖励: 1. 按照完成质量给予 1~10 分奖励,额外加分不超过 5 分。 2. 每超额完成 1 个任务,额外加 3 分。 3. 巩固提升任务完成优秀,额外加 2 分。 惩罚: 1. 完成任务超过规定时间扣 2 分。 2. 完成任务有缺项,每项扣 2 分。 3. 任务实施报告编写歪曲事实、个人杜撰或有抄袭内容,不予评分。		

习题与思考

1. 单选题

(1) Cherry 的独立站预备进行圣诞促销活动,那么他应该将活动信息放置在(　　),从而可以更直观地展现给用户。

　　A. 产品主图　　　B. 主页轮播图　　　C. 产品详情页　　　D. 主页底部

(2) 以下关于主图重要性的说法中错误的是(　　)。

　　A. 单个产品的主图不会影响整个独立站的调性与风格

　　B. 影响产品点击率

　　C. 是碎片化流量的关键因素之一

　　D. 可以帮助我们获取更多的差异化流量

(3) 以下关于主图的说法中正确的是(　　)。

　　A. 只需要有产品正面图就可以了

　　B. 直接用手拿着,用手机拍摄,图片的真实性最重要

　　C. 注意细节,不要出现指纹和灰尘

　　D. 有产品包装的,直接把产品放在包装里拍摄

(4) 以下不属于移动端流量的特点是(　　)。

　　A. 流量占比大　　　B. 复够率高　　　C. 购物流程短　　　D. 安全性低

(5) 下列关于轮播图的说法中不正确的是(　　)。

　　A. 文案要清晰可见

　　B. 确保在移动端也清晰可见

　　C. 注意画面节奏和信息平衡

D. 轮播图的页数尽可能多,以展现更多内容

2. 多选题

(1) 以下属于跨境独立站视觉营销的特点的是( )。
    A. 图片简约大方　　　　　　　B. 颜色对比度低
    C. 颜色饱和度高　　　　　　　D. 突出产品的特质

(2) 以下关于独立站视觉定位的案例,符合店铺特色的设计是( )。
    A. 科技产品,采用蓝色和灰色调设计主页
    B. 健康产品,采用绿色的整体色调
    C. 母婴产品,轮播图放置粉色婴儿用品大图
    D. 电子产品,整体色调采用黑白灰色调进行设计

(3) 以下属于独立站页面设计中重要性板块的是( )。
    A. 导航栏、类目栏　　　　　　B. 主推板块
    C. 类目分类版块　　　　　　　D. 促销板块

(4) 在设计主图时,让图片更有竞争力的方法是( )。
    A. 市场调研　　　　　　　　　B. 利用图片处理工具调整图片
    C. 突出产品　　　　　　　　　D. 突出细节

(5) 下列关于独立站详情页的说法中正确的是( )。
    A. 详情页中有购买按钮,主要功能是让用户付款
    B. 能够让客户更多地了解产品
    C. 提升产品的品质和调性
    D. 增加客服的工作量

3. 判断题

(1) 设计主图时,放置的元素越多越好,可以使图片更加饱满,更吸引买家的眼球。
答案:

(2) 移动端和PC端同样重要,在设计主图时需要针对不同端设计不同的主图。
答案:

(3) 产品分类和层次的展现应该在独立站主页的页中位置进行展现。
答案:

(4) 轮播图中不能出现促销等相关信息。
答案:

(5) 视觉营销设计中的所有图片都应该进行差异化设计,这样才能在众多同行中脱颖而出。
答案:

4. 案例分析题

Ray的独立站主营母婴用品,现计划筹备一个月之后的母亲节活动,站内新增一批孕妇服装,请根据Ray的需求设计独立站视觉营销方案。

(1) 确定独立站的风格和整体设计框架。

(2) 为新品孕妇服装设计完整的产品界面。

参考答案

1. 单选题

(1) B (2) A (3) C (4) D (5) D

2. 多选题

(1) ACD (2) ABCD (3) ABCD (4) ABCD (5) BC

3. 判断题

(1) 错误 (2) 正确 (3) 正确 (4) 错误 (5) 正确

4. 案例分析题

略

学习成果实施报告书

题目			
班级		姓名	学号
任务实施报告			

请简要记述本工作任务学习过程中完成的各项任务,描述任务规划以及实施过程,遇到的重难点以及解决过程,总结海外社交媒体广告操作技巧等,要求不少于800字。

	考核评价(按10分制)	
教师评语:	态度分数	
	工作量分数	
	考评规则	

工作量考核标准
1. 任务完成及时。
2. 操作规范。
3. 实施报告书内容真实可靠、条理清晰、文本流畅、逻辑性强。
4. 没有完成工作量扣1分,故意抄袭实施报告扣5分。

工作领域二

海外搜索营销基础操作

工作任务一 海外搜索引擎优化

子任务一 制定网站 SEO 方案

 知识目标

- 掌握 SEO 的内涵和日常工作内容
- 掌握 SEO 方案的组成维度

 技能目标

- 分析竞争网站的基本数据
- 根据目标客户确定网站关键词
- 从网站结构、网页布局等方面诊断网站现存问题
- 根据现存问题制定站内和站外的优化策略

 思政目标

- 细心严谨的工作态度
- 精益求精的工匠精神
- 对商业信息良好的洞察能力

案例导入

美国一家叫作 Andrew Dennis 的保险公司通过 SEO 做到了月流量 10 万以上,该公司的 SEO 战略如下:
（1）专注于少数重要页面的链接建设;
（2）建立被动获取链接的内容;
（3）在创建内容时,有意识地考虑搜索者的搜索需求。

另外,在制定 SEO 方案时,关键词部分会特别注重以下几点:

（1）创建一流的网页内容；

（2）使用原创的摄影图片；

（3）抓住文字大小、列宽等每个细节；

（4）段落分隔明确。

通过有意识地创建这种类型的内容，将有非常高的概率获得该关键词的排名。

思维导图

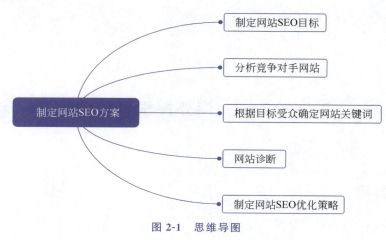

图 2-1　思维导图

一、相关知识

SEO 的全称是 Search Engine Optimization，通俗理解，SEO 就是优化网站或者 App，让它更符合搜索引擎的算法规则，从而在搜索结果页获得更好的排名。为什么要做 SEO 呢？最根本的目的是通过搜索引擎给网站或者 App 引流。

1. SEO 日常工作内容

（1）前一天的网站收录情况检查。

（2）前一天的流量分析检查（各路流量来源及着陆页）。

（3）前一天的关键词搜索分析检查（便于更新关键词库）。

（4）前一天的排名情况分析检查（报表对比）。

（5）外部链接检查分析（前一天发布的外链是否被收录、是否被删除）。

（6）友情链接检查分析（检查本网站链接是否正常挂在对方网站上，是否被取消或跳转错误，对方网站是否被惩罚或者降权等）。

（7）死链检查（及时删除、提交至站长平台或者屏蔽）。

2. SEO 优化策略

（1）主题要明确，内容要丰富。

（2）提升外部链接数量及链接的网站质量。

（3）关键词设定要突出。

（4）网站架构层次要清晰。

(5)页面容量要合理。

(6)网站导航要清晰。

二、任务概述

要求根据以下网站优化服务流程制定全面的 SEO 方案。

第一步:关键词分析。根据公司提供的关键词分析相关关键词的搜索热度,从而确定最适合您的网站的主要关键词。

第二步:竞争对手分析。分析竞争对手,进行全方位的检测,方便即时了解,让您在电子商务中获得最大的收益。

第三步:网站诊断。根据网站内部存在的问题做网站站内优化。

第四步:网站站内优化完成之后,只是打好了基础,要想获得较好的排名,还需要进行网站地图的制作和提交、反向链接策略的执行等,并且通过增加外链实施站外优化。

第五步:效果维护。根据搜索排名算法的变化做出相应调整,维护网站的排名。

三、任务实施

四、重点小结

全面的 SEO 方案首先要明确优化目标,通过关键词分析、竞争对手分析,结合网站现在的问题,实施站内和站外两方面的优化。

五、问题研讨

杭州某公司的产品在开展海外营销时利用 shopify 建站工具建立了一个独立站,那么该如何优化该公司的 shopify 电商主页以提升客户体验呢?

六、任务拓展

近 3 年来,美国购物榜单的前两名一直被亚马逊和 Shein 牢牢把控,作为一个非平台的品牌网站,Shein 像互联网产品一样打磨网站的用户体验——将用户的每个点击和视觉焦点都计算在内。请访问 Shein 官网并分析其令人惊叹的设计点。

子任务二 SEO 工具的使用

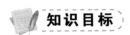

- 了解不同的 SEO 工具类型
- 掌握谷歌站长工具的功能

技能目标

- 为不同优化需求的网站选择合适的 SEO 工具
- 正确使用谷歌站长工具

思政目标

- 见微知著的数据观察思维
- 灵活多变的创新优化精神
- 符合商业规则的价值观

案例导入

Arkadium 是专门为全球游戏玩家设计优质游戏的公司,其发行的游戏在全球有数亿用户,除了官网,在全球最大的媒体网站上也能找到他们的游戏,包括 *USA Today*、*the Los Angeles Times*、*the Washington Post* 以及 *MSN*。

自从使用 Semrush 以来,网站的自然搜索流量增长了 850%,因为 Semrush 以及团队的策略,Arkadium 成功拓展了更多的关键词排名及流量,从开发和页面体验的角度出发,实施最优的做法,使网站流量增速迅猛。

从使用 Semrush 推动 SEO 策略的执行开始,Arkadium 的手机端及平板端的自然搜索流量增长了 361%。基于这个结果,Arkadium 创建了 AMP 页面以改进用户体验,效果进一步增强。

思维导图

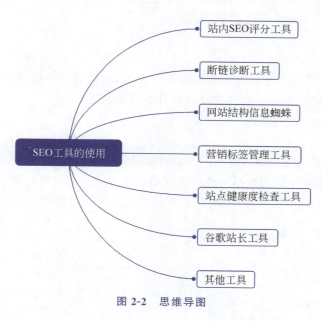

图 2-2 思维导图

一、相关知识

工欲善其事，必先利其器！网站 SEO 优化便是如此。要想精通网站 SEO 优化，除了要具备网站 SEO 优化的知识，还要善于使用 SEO 优化工具。

常见的工具类型包括关键词指数查询工具、长尾关键词拓词工具、收录查询工具、关键词排名检测工具、友链检测工具、死链检测工具和统计工具。

推荐以下外贸建站常用的 SEO 工具。

1. 站内 SEO 评分工具 WooRank

这款工具将对网站的各种因素进行分析，并给出合理的评价。这些因素包括 Alexa 排名、网站域名、元标签信息、网站中的标题链接、图片中是否添加了 ALT 信息等，每个数据的右边都会有一个分数，绿色表示很好，而红色表示最差。标有橙色和红色的区域是搜索引擎优化需要改进的地方。

2. 断链诊断工具 Check My Links

这是一个可以帮助网站管理员轻松检测网站链接状况的工具。Check My Links 是一个扩展，主要为 Web 设计师、开发人员和内容编辑器开发，它可以快速查找网页上的所有链接并检查每个链接，它强调了什么是有效的、什么是坏的和简单的。

3. 网站结构信息蜘蛛 Screaming Frog SEO Spider

这款工具通过抓取整个 URL 结构以快速获得网站的详细信息，它可以快速查看网页标题、元描述、查找断链、生成网站地图、读取重定向审核、查找重复内容、查找断开的链接并识别技术问题。

4. 营销标签管理工具 Google Tag Manager

Google 标签管理器（GTM）可以简化标签管理。GTM 提供了一种简单、结构化的方式以设置网站标签，而无须开发团队安装最新的营销标签。GTM 提供一个中央单元以执行和更新网站代码。

5. 站点健康度检查工具 Search Console

这款工具是谷歌搜索引擎旗下的一个免费的站长工具，类似于百度资源平台和其他搜索引擎站长平台。通过注册和验证网站域名，可以直观地看到一些点击显示数据的搜索引擎，以及其他管理功能提供的工具。同时，还可以从搜索引擎获得一些提示，对于网站检测或通知信息，有利于使网站在搜索引擎性能上得到更好的管理，同时它也是每位网站管理员和网站 SEOer 必备的工具。

6. 谷歌站长工具 Google Search Console

谷歌站长工具是一款能让你的网站和谷歌搜索引擎产生关联的工具，通过它可以知道谷歌对你的网站有什么想法，网站在谷歌搜索引擎看来是否安全可靠，哪些页面被谷歌搜索引擎编入了索引，同时也能观察到网站近期的访客浏览统计等。

7. SEMrush

SEMrush 是一款强大的一站式数字营销工具箱，可以用来分析任何一个网站，包括流量、关键词来源及排名、外链等数据。同时,SEMrush也是一个在线可视化管理和内容营销SaaS工具。营销人员可以使用SEMrush更高效地完成数字营销工作并取得卓越的推广成果。不管是营销负责人还是具体的数字营销渠道运营人员,如SEO、广告、PR、社媒、内容、数据分析等岗位,都能利用这个工具协助工作的开展。

8. BuzzStream

BuzzStream是一个外链发布SEO工具,它可以搜集有知名度的人并与之联络。BuzzStream能够给团队布置任务,较为适合专业的互联网销售团队应用,而且能够发掘目标公司的电子邮箱、梳理找寻关联性外部链接、挖掘行业网络热点。

9. Linkody

Linkody是关于反向链接的一个工具。使用此工具可以查出谁链接到了你的网站,了解他们使用了什么关键字,甚至拒绝一些你不喜欢的链接。如果你认为有人将垃圾邮件链接到了你的网站,则后一项功能会很方便。因为如果搜索引擎发现了你在使用这种方法,将会对网站排名非常不利。虽然Linkody的主要吸引力是反向链接报告,但Linkody也提供了很多值得注意的附加功能。例如,它为你提供了生成报告的选项,你可以将此报告发送给客户,监视站点的社交共享以及连接到Google Analytics。

10. Ontolo

Ontolo是一种研究工具,用于查找市场营销和SEO机会,它还可以帮助你找到反向链接和来宾发帖的机会,并且能够做得非常好;它可以帮助你找到除了关键字研究以外的增加网站流量的方法。

11. Yoast SEO

Yoast SEO是目前WordPress使用人数最多的SEO搜索优化插件,功能非常完善,而且会根据谷歌搜索优化规则的更新进行及时的优化调整。Yoast SEO插件支持站点地图、固定连接优化、标题和元标记优化、内链优化(面包屑导航)、RSS优化等优化措施,每项都可以进行自定义设置,而且还有针对付费用户、视频网站、新闻网站和导航的扩展插件,可以根据需要选择使用。

12. Ahrefs

Ahrefs是一个著名的用于外链分析和SEO分析的工具集,其中的Site Explorer、Content Explorer、Keyword explorer等工具深受网络营销者的赞誉;它拥有自己的爬虫和强大的数据库,并制定了一系列专属SEO指标,如AR、DR和UR等。

二、任务概述

向Google Search Console工具提交公司网站域名,借助此工具分析公司网站的相关信息,优化网站排名。

Google Search Console工具可实现的功能如下。

(1)提升网站在Google搜索结果中的排名(Search Console中的工具与报告可帮助衡量网站的搜索流量和搜索排名情况、解决相关问题以及让网站在Google搜索结果中脱颖而出)。

(2)借助搜索分析报告优化网站的内容(了解哪些查询会吸引用户访问网站,分析网站在 Google 搜索中获得的展示次数、点击次数和排名)。

(3)使内容编入 Google 索引(提交站点地图和各个网址以供抓取,可查看自己的索引的覆盖范围,确保 Google 已收录网站的最新视图)。

(4)接收问题提醒并解决网站问题(接收当 Google 检测到网站上存在问题时向您发送的电子邮件提醒,您可在邮件中查看哪些网址受到了这些问题的影响,并在解决这些问题后告知 Google)。

(5)了解 Google 搜索如何查看您的网站(这款网站检查工具会直接从 Google 索引中检索出有关网站的抓取、索引和展示情况的信息)。

(6)优化并增强网站(AMP、移动设备易用性、富媒体搜索结果)。

三、任务实施

四、重点小结

SEO 优化工具的使用会提高网站 SEO 的优化效率,因此一定要熟练使用各类 SEO 工具。

五、问题研讨

通过使用 SEO 工具,我们了解到杭州 A 公司的竞争对手网站的核心流量页面如表 2-1 所示,请你进入竞争对手的网站,对比分析 A 公司页面的 SEO 建议。

表 2-1　A 公司竞争对手网站核心流量页面

URL	流量/%	关键词数量
https://m.reolink.com/us/e	30.02	478
https://m.reolink.com/how-to-de...hidden-cameras/	2.09	1947
https://m.reolink.com/us/product/argus-2/	2.06	159
https://m.reolink.com/us/software-and-manual/ 1.77 157	1.77	157
https://m.reolink.com/solutions-... nternet-access/ 1.61 806	1.61	806

六、任务拓展

请探索 SEMrush 工具,完成 SEO 内容制作,通过输入 women dress 关键词并选定模板,记录扩展关键词和反向链接等 SEO 建议。

子任务三　获取 SEO 关键词

 知识目标

- 了解不同的 SEO 关键词的挖掘渠道
- 掌握挖掘关键词的流程

 技能目标

- 正确挖掘关键词
- 选择合适的主推关键词

思政目标

- 灵活多变的创意思维
- 耐心细心的工作品质
- 至臻至善的工匠精神

 案例导入

不管是对于网站的自然 SEO 优化还是进行付费 SEM 谷歌广告推广,关键词的抓取和研究都是最开始也是最重要的步骤。谷歌关键词规划师 Google Keyword Planer 是非常好用的工具,进入专业模式(Expert Mode),找到 Tools & Settings,点击 Keyword Planner,点击 discover new keywords 即可挖掘关键词,然后输入想要发掘的种子关键词,也可以输入想挖掘的竞争对手的网站,点击 Get Results 即可获取相关关键词列表。

思维导图

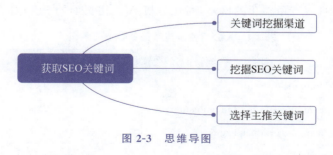

图 2-3　思维导图

一、相关知识

SEO 关键字(也称关键字或关键词)是添加到在线内容中的术语,以提高这些术语的搜索引擎排名。大多数关键字是在关键字研究过程中发现的,并根据搜索量、竞争和商业意图的组合进行选择。

研究关键词就是研究用户的搜索意图,了解应该提供什么内容才能尽可能地符合用户的搜索需求,以吸引用户点击,并且引导用户完成转化。

关键词挖掘的资源分为三大类：第一类是搜索引擎类，第二类是社区平台类，第三类是分析工具类。

1. 搜索引擎类

可以在各大搜索引擎上输入我们的业务核心关键词，在相关搜索和自动搜索填充模块中找到和我们的核心关键词相关的更多关键词。

例如在 Google 中输入 color conta，Google 在输入时会自动填充用户常搜索的其他关键词，而在底部出现相关的关键词（图 2-4）。

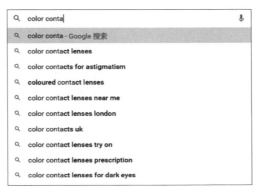

图 2-4　Google 搜索自动填充

2. 社区平台类

1）维基百科

维基百科是非常权威的网站，里面关于某些词语的解释是非常全面和细致的，可以在这里找到与我们业务相关的更多关键词（图 2-5）。

图 2-5　维基百科查找关键词

工作领域二　海外搜索营销基础操作

2）YouTube 搜索

YouTube 现在已经是仅次于 Google 的第二大搜索引擎网站，YouTube 的搜索关键词对应的是视频搜索结果，这里的关键词非常具有参考价值，展示点击率都比较高。在 YouTube 上输入核心关键词会自动推荐出用户常搜索的其他关键词。

3）Reddit 社区

Reddit 是非常大型的社区，每天有几百万人在上面交流沟通，这里可能蕴含着非常多的和用户搜索意图高度切合的关键词。可以在 Reddit 上输入核心关键词，在子主题中查看用户的帖子和回复，从中找到丰富的关键词。

3. 分析工具类

1）谷歌关键字规划师

关键字规划师是谷歌广告下的一个功能模块，主要是给需要投放谷歌广告的用户进行数据参考。这里的关键词是真真切切地从谷歌搜索里面统计出来的，非常权威和真实。搜索量、竞争性、每次点击费用都是非常准确的数据(图 2-6)。

Keywords you provided						
colored contact lenses	165,000	$1.70	1		10K – 100K	High
Keyword ideas						
pure hazel	4,400	$0.74	0.97		100 – 1K	High
solotica avela	880	$1.20	1		100 – 1K	High
solotica ambar	880	$0.98	1		100 – 1K	High
desio attitude	320	$0.47	0.58		10 – 100	High
solotica hidrocor ice	480	$0.98	1		100 – 1K	High
solotica ice	320	$0.59	0.66		10 – 100	High
solotica amber	210	$0.66	0.95		10 – 100	High
mel solotica	0	$0.00	0		100 – 1K	High

图 2-6　维基百科查找关键词

2）keywordeveywhere、Keyword Surfer、Ubersuggest 等关键词推荐插件

keywordeveywhere、Keyword Surfer、Ubersuggest 这类工具可以安装 Google 插件，当在 Google 上搜索关键词时，这些插件会在侧边栏推荐相关的关键词。

3）Semrush、Ahrefs 等分析网站

在 Semrush、Ahrefs 上可以对关键词进行非常细致的分析，包括搜索量、竞争难易程度、搜索结果、趋势、相关关键词和相关问题、该关键词对应的搜索结果、SERP 结果、广告创意等信息，可以为我们提供比较全面的分析。

利用 Semrush 分析现有竞争对手的关键词是一个很好的方法，可以在 Semrush 中查到所有竞争对手网站中已经有排名的关键词，分析后可以选择竞争较小的关键词进行尝试。

二、任务概述

建立关键词列表，选择主推关键词。

三、任务实施

四、重点小结

关键词 SEO 步骤：挖掘→建设→分析→优化。

首先在各个渠道挖掘关键词，把它们整理出来，形成一个关键词列表，再对列表中的关键词进行分析，这里的分析包括竞争难易分析、价值（流量、转化、搜索意图）分析，完成分析之后确认要做的关键词，据此进行制定实施计划、优化页面、写博客、创造多媒体内容、建设外链等工作，最后使用谷歌分析和站长工具对已经有排名的关键词进行分析，对有价值（展示多、点击少）的关键词再进行内容的优化。

五、问题研讨

长尾关键词在搜索引擎优化中非常重要，有哪些途径可以获取长尾关键词呢？

六、任务拓展

请登录 Amazon 官网，为 wireless headphones 挖掘 5 个长尾关键词。

子任务四　站内 SEO

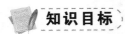

- 了解站内 SEO 的内容
- 掌握 SEO 的各项设置

技能目标

- 诊断网站代码、URL、图片存在的问题
- 进行网站 TDK 和 JS 等的优化
- 通过压缩图片和 ALT 标签进行图片优化

思政目标

- 严谨细心的工作习惯
- 创新创意思维
- 网站布局的总体思维和大局观

案例导入

SALES HACKER 通过设置新的首页目标准确告诉了客户什么是 SALES

HACKER,让客户一眼就能知道公司的主营业务,允许访问者轻松快速地找到他们想要的内容,轻松、简单地注册电子邮件列表,允许添加社交证明以及改善内部链接,使自然流量增加了 100%。

图 2-7 和图 2-8 是该网站优化前后的主页对比图。

图 2-7 网站优化前

图 2-8 网站优化后

思维导图

图 2-9 思维导图

一、相关知识

站内优化包括代码优化、URL 优化、图片优化以及 SEO 的各项设置。

1. 代码优化

代码优化包括 TDK 优化和 JS、CSS 等。

TDK 就是对应网站的 Title、Description、Keywords，指网站的标题、描述以及关键词。Title 的权重大于描述，描述的权重大于关键词。Title 标签要做好，但又不再是简单的关键词堆砌，较好的写法是围绕需要优化的核心词＋企业名称或品牌写；Description 即描述标签，要求 200 个字符以内，围绕网站关键词写。

JS 和 CSS 可以帮助网站实现更多的功能，也可以让网站看起来更加美观。但是网站 CSS 要考虑浏览器的兼容性，要尽可能地合并 CSS，以减少 CSS 响应次数。另外，JS 越少越好。如果实在想用 JS，需要注意的是想被收录的内容不要用 JS。尽量删除执行时间过长的 JS，执行超过 3 秒就不要用了。要尽量合并 JS 脚本，以减少＜script＞的数量。

2. URL 优化

URL 优化便于搜索引擎爬虫抓取内容，增加网站的收录，对搜索引擎也更加友好。URL 优化也称 URL 标准化，网站相当于一个文件夹，里面有很多文件，而单个文件就是网站的一个页面。

URL 优化方向如下。

1) Canonical 标签

rel＝"canonical"标注就是告诉搜索引擎哪一个是真正的链接。

尤其是当 www.ABC.com/123.html 和 ABC.com/123.html 都能打开时，会形成两个链接，这个时候可以用到这个语法，具体写法为

```
<link rel="canonical" href="网页链接"/>
```

工作领域二 海外搜索营销基础操作

2）301 重定向规范

主要是首页重定向。

www.xxx.com、xxx.com、www.xxx.com/index.html 都是指向首页，把 xxx.com、www.xxx.com/index.html 统一定向到 www.xxx.com 上，哪个是首选域名就定向哪个。

3）链接指向 URL 规范化

简单来说，就是做外链时只用一个链接，而不是 www.xxx.com、xxx.com 都用。

3. 图片优化

如果一个网站里面有大量图片，加载速度就会变慢，建议利用压缩工具压缩图片，或者建立一个图片库服务器直接引用图片。

图片的 ALT 标签也要加好，还要写上 Title，告诉搜索引擎这张图是什么，如<img src="XX.jpg" alt="某某产品背面"/>。

二、任务概述

完成页面 SEO 的各项设置。

三、任务实施

四、重点小结

（1）关注 SEO 设置中的 3 个重要参数：Title、Keywords、Description。

（2）始终紧紧围绕关键字和网站主题。

五、问题研讨

为了提升公司独立站的谷歌排名，需要进行图片 SEO 优化，请问该从哪些方面入手呢？

- 使用与内容相关的图片，帮助用户和谷歌理解。
- 选择最优的图片格式，满足不同网站板块的需求。
- 保证质量的同时压缩图片尺寸，提升网站速度。
- 图片要响应式设置，以适应不同设备显示。
- 添加 ALT 等文本标签，帮助谷歌识别图片信息。
- 添加图片站点地图，帮助谷歌爬虫收录。

六、任务拓展

独立站站外 SEO 要从哪些方面入手呢？

子任务五　站外 SEO

知识目标

- 了解站外 SEO 的内容
- 掌握外链的形式
- 熟悉外链建设的维度

技能目标

- 制作锚文本链接、网址链接、纯文本链接
- 借助博客、论坛、软文等进行外链建设
- 根据站外 SEO 技巧进行搜索引擎收录提交
- 根据站外 SEO 技巧进行分类收录提交

思政目标

- 严谨细心的工作习惯
- 创新创意思维
- 网站布局的总体思维和大局观

案例导入

博客为搜索者提供了通过与公司产品相关的主题搜索和寻找品牌的一种方式,例如,珠宝商 Birkat Elyon 在博客中向购物者介绍了可以经受时间考验的订婚戒指的形状。

作为推送生活方式类型的博客,并不是所有的帖子都要与产品相关,但适度的品牌营销可以使品牌更加人性化。通过博客向购物者介绍公司的品牌,他们可能现在没有考虑购买珠宝,但会在将来的某个时候购买珠宝。同时,还要注意博客内容要解决购物者重视的问题。

博客对于任何一个公司来说都是较好的外链建设渠道。

思维导图

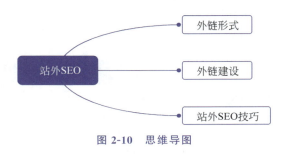

图 2-10　思维导图

一、相关知识

站外 SEO 顾名思义就是网站外部的 SEO 优化，也可以说是网站外的搜索引擎技术，以外部网站对网站的影响而命名，在搜索引擎排名中，这些外部因素是网站无法控制的。最有用和最强大的外部站点因素是反向链接，称为外部链接。反向链接是指一个网站链接到另一个网站时创建的链接，常称为"入站链接"或"外链"。可以简单地理解为：反向链接代表从一个站点到另一个站点的"信任投票"，从逻辑上来讲，你获得的投票越多，那么你获取排名的概率就越高。

1．外链形式

1）锚文本链接

一种文字形式的链接，点击文字即可进入相关页面。

2）网址链接

点击网址即可进入相关页面。

3）纯文本链接

看到的是一个网址，但是通过点击进入相关页面。

在发外链的过程中，链接的优先级是锚文本链接＞网址链接＞纯文本链接。三种形式的链接应该都出现，不能只偏重于某一种链接。

2．外链建设

首先是博客外链建设，即通过博客平台发布文章，然后在博客中加入网站链接，或在博客中添加一个友链链接栏目，加上网站需要优化的目标关键词或核心关键词。

其次是论坛外链建设。论坛外链用得最多，操作简单，成本较低，爬虫抓取数量大，而且论坛涉及各行各业，是一个交流分享的好地方，自然也是引外链的圣地。

最后是软文外链建设。这种外链质量最好，也最难，我们可以自己投稿，在网站底部加上需要优化的词，也可以找第三方软文代发平台进行发布，但成本会高一些。

3．站外 SEO 技巧

1）进行友情链接、外链时要当心 nofollow

nofollow 就是告诉用户不要追踪此网页上的链接或不要追踪此特定链接，我们在交换友情链接时，如果别人网站加上了 nofollow，那么就成了单反链接，友链本来是可以相互传递权重的，如果加上了 nofollow，就意味着你给他传递权重，但他不给你传递权重。

所以在交换友链时，要看看源代码上面有没有加上 rel＝"nofollow"标注。发外链也是同样的道理。

2）搜索引擎收录提交

如果爬虫没有及时抓取我们的文章，就无法收录，不收录则无法在搜索引擎上展现，此时可以通过搜索引擎提交入口进行提交，以让它收录。

3）分类目录提交

若网站是新站，则可以通过一些网站分类目录进行提交收录，以加快网站收录，也可以通过分类目录获取一些流量的展现。

二、任务概述

添加外链,实现谷歌站外 SEO。

三、任务实施

四、重点小结

站外 SEO 是指外链的优化和站外引流。外链建设可以通过博客、论坛等渠道添加。

五、问题研讨

为了进一步提高公司网站在谷歌上的权重,Shein 可以通过哪些方法达成目标?

六、任务拓展

站外 SEO 包括外链建设、友情链接和站外推广,请问做友情链接有哪些注意事项呢?

学习成果达成与测评

项目名称	海外搜索引擎营销优化		学时	6	学分	0.2
职业技能等级	中级	职业能力	海外搜索引擎优化能力		子任务数	5个
序号	评价内容	评价标准				分数
1	制定网站 SEO 方案	撰写完整的 SEO 方案 阐述 SEO 的工作内容				
2	SEO 工具的使用	说出各类 SEO 工具名称,并且熟练使用谷歌站长工具、Semrush 等常用工具				
3	获取 SEO 关键词	阐述挖掘关键词的渠道 挖掘行业关键词 评判热搜关键词				
4	站内 SEO	进行网站结构、代码、URL、图片等的优化				
5	站外 SEO	进行反向链接和友情链接的建设				
考核评价	项目整体分数(每项评价内容分值为 1 分)					
	指导教师评语					

工作领域二　海外搜索营销基础操作

续表

序号	评价内容	评价标准	分数
备注		奖励: 1. 按照完成质量给予 1~10 分奖励,额外加分不超过 5 分。 2. 每超额完成 1 个任务,额外加 3 分。 3. 巩固提升任务完成优秀,额外加 2 分。 惩罚: 1. 完成任务超过规定时间扣 2 分。 2. 完成任务有缺项,每项扣 2 分。 3. 任务实施报告编写歪曲事实、个人杜撰或有抄袭内容,不予评分。	

习题与思考

1. 单选题

(1) 以下不是 SEO 的日常工作内容的是( )。
   A. 检查前一天的网站收录情况　　B. 制定当天的投放预算
   C. 外链检查分析　　D. 更新关键词库

(2) 下列是 SEO 的优化策略的是( )。
   A. 主题要明确　　B. 网站导航要清晰
   C. 关键词设定要突出　　D. 以上全部

(3) 分析竞争者网站,不需要关注的指标是( )。
   A. 网站主页色彩　　B. 网站年龄
   C. 网站收录量　　D. 快照新鲜度

(4) 以下是营销标签管理工具的是( )。
   A. Search Console　　B. Semrush
   C. TAG Manager　　D. Linkody

(5) 压缩图片是 SEO 优化里的( )。
   A. 代码优化　　B. 图片优化
   C. URL 优化　　D. 社交设置

2. 多选题

(1) 代码优化包括( )。
   A. Title　　B. Description
   C. Keyword　　D. JS

(2) 站外 SEO 外链形式包括( )。
   A. 锚文本链接　　B. 网址链接
   C. 纯文本链接　　D. 富媒体

(3) 外链建设渠道包括( )。
   A. 博客　　B. 论坛
   C. 直播间　　D. 软文

(4) SEO 各项设置包括( )。
　　A. 标题设置　　　　　　　　　B. 元描述设置
　　C. URL Slug 设置　　　　　　D. 社交设置
(5) SEO 工具类型包括( )。
　　A. 断链诊断工具　　　　　　　B. 站内 SEO 评分
　　C. 网站结构信息爬虫　　　　　D. 站点健康度检查工具

3. 判断题

(1) 制定 SEO 优化方案前需要对竞争对手网站进行分析。
答案：
(2) 外链建设时数量比质量重要。
答案：
(3) 网站关键词只需根据产品设置，无须关注目标客户。
答案：
(4) Google 属于搜索引擎类关键词资源渠道。
答案：
(5) 选择主推关键词时无须评价词的自然点击率。
答案：

4. 案例分析题

假设你刚入职一家外贸公司，职位是 SEO 运营，公司主要面向欧美市场销售节假日用品，拥有独立的外贸网站，请你为其设计 SEO 优化方案。

参考答案

1. 单选题

(1) B　　(2) D　　(3) A　　(4) C　　(5) B

2. 多选题

(1) ABCD　　(2) ABC　　(3) ABD　　(4) ABCD　　(5) ABCD

3. 判断题

(1) 正确　　(2) 错误　　(3) 错误　　(4) 正确　　(5) 错误

4. 案例分析题

第一步：制定本次 SEO 目标。
第二步：分析竞争对手网站，包括基本数据、站内优化和外部数据。
第三步：根据目标受众确定网站关键词。
第四步：进行网站诊断。
第五步：根据网站内外存在的问题制定网站 SEO 优化措施。

学习成果实施报告书

题目				
班级		姓名		学号

任务实施报告

请简要记述本工作任务学习过程中完成的各项任务,描述任务规划以及实施过程,遇到的重难点以及解决过程,总结海外社交媒体广告操作技巧等,要求不少于 800 字。

考核评价(按 10 分制)		
教师评语:	态度分数	
	工作量分数	

考评规则

工作量考核标准
1. 任务完成及时。
2. 操作规范。
3. 实施报告书内容真实可靠、条理清晰、文本流畅、逻辑性强。
4. 没有完成工作量扣 1 分,故意抄袭实施报告扣 5 分。

工作任务二 海外搜索引擎广告投放

子任务一 搜索引擎广告账号开通

 知识目标

- 了解开通 Google 广告账号需要准备的材料
- 掌握 Google 广告账号的创建流程

 技能目标

- 依据步骤完整地创建 Google 广告账号

 思政目标

- 爱国主义精神融入
- 认真严谨的工作习惯

 案例导入

合适的广告投放一直是跨境电商平台能否成功的重要影响因素,Shein 作为一家中国公司有着深刻的认识,能否将 Shein 的广告推送给需要的人是决定 Shein 能在海外发展到哪一步的重要因素,因此 Shein 实行"全覆盖式的精准广告投放"方式。

海外社交 Google 广告专家为 Shein 建议的订制投放广告策略如下。

1. 多语种 Google AdWords 广告系列

通过 Google Trends 等工具,Shein 看到了非英语国家的潜在商机,于是在 Google 广告专家的建议下使用 Google AdWords 量身定做了西班牙语、法语等不同语种的广告投放。

2. Google Shopping 购物广告+动态再营销

一开始,由于对推广产品缺乏了解,Shein 的推广效果并不显著。而 Google 广告专家帮助安装代码的后半年内,Google Shopping 及动态再营销为 Shein 带来了关键字投放点击及转化率的 3 倍增长。

3. 灵活使用营销工具,打出推广组合拳

Google Trends 是发现商机的优秀工具,而 Google 关键字工具则能够让广告投放迅速而精准,最后使用 Google Analytics 追踪广告效果,不断优化投放策略。

思维导图

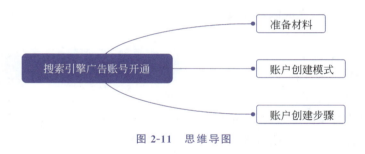

图 2-11 思维导图

一、相关知识

Google 是最具商业价值的搜索引擎,可以给广告主带来有高价值的目标客户,并且 Google 的广告专区和左侧的自然搜索结果区分明确,可以为广告主带来具有精准意向的目标客户。

1. 准备材料

(1) 谷歌账户:用来创建广告账户。
(2) 网站:用于投放广告。
(3) 储蓄卡、信用卡或 PayPal:用于支付广告费用。

2. 账户创建模式

(1) 智能模式:必须创建一个广告系列才能成功创建账户(推荐新手选择)。
(2) 专家模式:可以不创建广告系列(老手可选)。

3. 账户创建步骤

1）智能模式

步骤1：登录Google账户。

步骤2：点击创建新的广告账户。

步骤3：按照提示制作第一个广告系列。

- 广告系列目标
- 商家名称和网站
- 广告
- 关键字主题
- 位置信息设置
- 预算

步骤4：填写需要的结算信息。

- 选择账单地址所在国家或地区
- 选择时区
- 创建付款资料：默认为"单位"，部分国家可以选择"个人"
- 输入付款方式（如信用卡/借记卡、PayPal或银行账户）的信息

步骤5：点击提交，完成账号开设。

2）专家模式

步骤1：登录Google账户。

步骤2：点击创建新的广告账户。

步骤3：在"新广告系列"页面中点击屏幕底部切换至专家模式。

步骤4：确认商家信息（包括账单邮寄地址所在国家或地区、时区和币种）。

步骤5：点击提交，完成账号开设。

二、任务概述

搜索引擎广告账号开通，以智能模式下的Google账号创建为例。

三、任务实施

四、重点小结

Google广告账号创建需要准备Google账号、网站和付款方式，创建时可以选择智能模式和专家模式。

五、问题研讨

Google 广告账号的创建过程需要注意什么事项？

六、任务拓展

请以小组为单位完成 Google 广告账号的创建。

子任务二 广告账户设置

知识目标

- 了解 Google 广告账号的设置内容
- 掌握 Google 广告账号的常见附加信息

技能目标

- 依据目标客户进行投放区域和时间的设置
- 进行链接等重要附加信息的添加
- 进行转化跟踪设置

思政目标

- 严谨细致的工作习惯
- 运筹帷幄的大局观
- 敏感细腻的商业嗅觉

案例导入

Google 广告是外贸人进行企业营销以及客户开发的重要渠道，为了给用户提供更优质的服务，Google 平台自然制定了较多的广告创建规则与政策。如果外贸人在创建广告的过程中触犯了这些规则与政策，就会面临封户的危险，那么 Google 广告账户页面该如何设置呢？

以设置广告账户页面为例：

（1）不要为所有产品设置比价，即不要把所有产品都设置为促销状态。

（2）不要一上线就推广产品，然后长期销售或者一直宣传价格，要让产品保持更新。

（3）设置虚假促销信息、包邮政策、折扣码等。

（4）使用高质量的产品图片，切记不要包含水印、其他店铺标识、色情、无版权等内容。

（5）第一次提交 GMC 时不要刷太多对产品的评论。

 **思维导图**

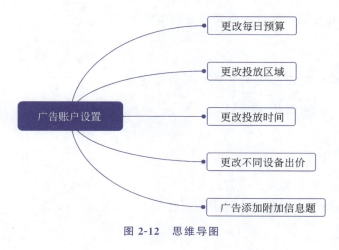

图 2-12　思维导图

一、相关知识

若要开通 Google 广告账户，请不要自己直接注册，最好找国内 Google 广告顶级代理商并以公司身份开户，这样才能得到及时的客服支持以及广告费发票等。

二、任务概述

完成 Google 广告账户设置，包括更改每日预算、更改投放区域、更改投放时间、更改不同设备出价、给广告添加附加信息。

三、任务实施

四、重点小结

广告系列基础设置包括更改每日预算、更改投放区域、更改投放时间、更改不同设备出价、给广告添加附加信息，做广告之前要先关联 Google 分析并设置转化跟踪。

五、问题研讨

在进行 Google 广告基础设置时，设置目标受众有哪些注意事项？

答案：要特别注意受众的年龄、性别和家庭收入的精准定位。

六、任务拓展

Google 广告转化代码该如何设置呢?

子任务三　广告创建与投放

知识目标

- 了解 Google 广告的类型
- 掌握 Google 广告的创建流程

技能目标

- 依据网站和产品特色选择合适的 Google 广告类型
- 阐述不同广告类型的创建流程
- 进行 Google 搜索广告投放

思政目标

- 认真细致的工作态度
- 创新创意的工作思维
- 敏感细腻的商业嗅觉

案例导入

根据 eMarketer 的数据,近十年,Google 一直位于海外广告市场份额的第一名。在美国,每 100 个广告点击就有 55 个是 Google 广告。62% 的核心搜索和查询都是在 Google 上出现的。说 Google 是商家在海外市场获客的一块流量宝地完全不为过。

外国用户寻找某个商品,或外国卖家和经理想联系某个工厂采购或订制产品,他们都会在 Google 上搜索相关词以查询相关信息。如果你在 Google 搜索引擎上投放广告,那么你的店铺和工厂网站就会被他们看到,获得潜在的订单机会。

零售行业以婴儿服装为例,用户搜索 baby clothes(婴儿服装),就会看到卖 baby clothes 的 Google 广告,进入店铺查看商品并下单购买。因为卖家只投放与 baby clothes 相关的词,所以只有搜索 baby clothes 的用户才会看到广告,且用户点击才会扣广告费,未点击不扣广告费。精准的 2C 用户就是这么轻松找到的(图 2-13)。

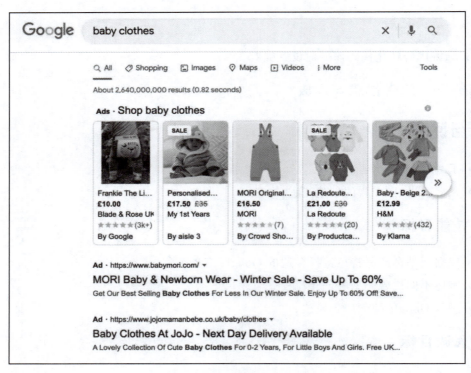

图 2-13　搜索页面

图 2-14　思维导图

一、相关知识

Google 广告的类型如下。

- 搜索：Google 搜索结果中的文字广告。
- 展示：网站或 Gmail 上的图片广告。
- 视频：YouTube 上的视频广告。
- 购物：Google 上的产品列表。
- 应用程序：多个渠道上的应用程序推广。
- 智能：在 Google 和整个网络上简化的自动广告。
- 本地：将客户带到物理位置。

- 发现：在 Google 广告打开时，在其中投放广告。

使用频次较高的广告系列包括搜索、展示、购物、视频和应用。

Google 广告结构如下：Google PPC 经理账号可以包含多个广告账号，每个广告账户都会包含多个广告系列，每个广告系列都有多个广告组，广告组下建立有多个广告。

广告系列由一个或多个广告组组成。广告组只针对一组相关关键字，这有助于对相关关键字进行分组，并围绕共同主题撰写广告。

每个广告还包含希望用户点击后访问的目标网页。正如要制定广告系列结构一样，要使用你要定位和排除的关键字制定广告组结构、多个版本的广告文案以及与关键字最相关的着陆页，这一点至关重要。

每个广告组都应与广告系列的目标相关联。关键字应紧扣主题，广告文案应与广告组中的关键字密切相关，并正确反映这些搜索查询的意图。

二、任务概述

根据企业推广目标和产品特色，在 Google 后台选择合适的 Google 广告类型，进行产品推广。

三、任务实施

四、重点小结

（1）Google 广告类型多样，包括搜索广告、购物广告、展示广告、视频广告、应用广告。

（2）Google 广告的创建流程包括建立广告系列 Campaign、选择广告类型、选择目标、广告活动常规设置、设定广告组、制作广告文案、发布广告等。

五、问题研讨

杭州某电商公司主营假发产品，为了提升站外流量，在 Google 上已投放搜索广告一段时间，最近的数据如表 2-2 所示，请你思考目前推广存在的问题，并说明如何优化。

表 2-2　广告投放数据

广告商品	平均每次点击费用	费用	转化次数	转化率	转化价值
HD lace front closure Wig shop	US＄2.1	US＄142.5	5	1.3％	￥200

六、任务拓展

越来越多的跨境电商企业开始做 Google 购物广告,请你说说购物广告的投放流程是什么。

子任务四　广告效果优化

知识目标

- 了解 Google 广告的效果评价方式
- 掌握 Google 广告的效果优化手段

技能目标

- 依据账号结构摸清问题广告组和广告
- 依据数据分析判断广告核心问题
- 制定并执行优化措施

思政目标

- 敏锐的数据分析能力和逻辑性
- 较强的抗压能力
- 一步一个脚印的踏实精神

案例导入

某电商企业刚开始做 Google 广告,但是页面却提示以下信息(图 2-15)。

图 2-15　广告投放受限

原因是关键字出价低造成展示受限,因为 Google 广告的展示原理是竞价,谁对关键字出价高,就会把谁的广告放在页首。所以,如果关键字出价太低,那么客户搜索这个关键字触发广告的可能性很小。因此针对上述问题,解决办法是提高关键字出价,但也不用完全按照建议的出价更改,也要考虑自己能承受的成本。

思维导图

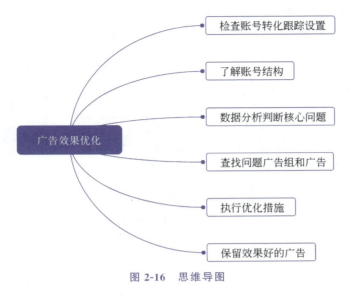

图 2-16　思维导图

一、相关知识

当我们要为一个已有投放数据积累的广告账号做代投时,账号总体数据和广告结构如果效果不好、架构不完整,就要重新构建广告结构,创建新的广告。

注意,这是一个误区。

接到已有数据积累的账号时,除了对网站和用户进行了解之外,最重要的是对账号进行全面的诊断,而不是一看到数据不好就全盘否定,再从头开始。

Google 广告的数据积累是非常宝贵的,尽管过往数据的效果不理想,但相比于重新创建广告,有时候往往是在已有数据积累的广告上做优化,效果进步就会更明显。一方面,对于已有消费的广告,Google 广告系统会给予更高的评级参与竞价,所以有数据积累的广告相比于新广告享有优先权;另一方面,在对原有广告做诊断的过程中,我们可以了解自己的广告最真实的数据反馈,了解哪些关键词的效果更好、哪些需要摒弃、什么广告语有更多的点击率和转化率等。

二、任务概述

根据企业 Google 后台数据对广告账号进行问题分析和对应优化。

三、任务实施

四、重点小结

Google 广告数据分析和诊断是非常重要的工作,投放广告时应从安全审核、广告投放时间、关键词、出价和预算等角度进行全面分析和优化。

五、问题研讨

若你的 Google 广告后台提示关键词搜索量低(图 2-17),你该如何做优化呢?

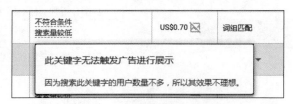

图 2-17 关键词搜索数据

六、任务拓展

梳理 Google 购物广告投放过程中的常见问题和解决方法。

学习成果达成与测评

项目名称	海外搜索引擎营销广告投放		学时	6	学分	0.2
职业技能等级	初级	职业能力	海外搜索引擎营销广告创建、投放和效果优化能力		子任务数	4 个
序号	评价内容		评价标准			分数
1	海外搜索引擎营销广告账户开通		正确注册海外搜索引擎营销广告账号			
2	海外搜索引擎营销广告基础设置		完成 Google 广告账户设置,包括更改每日预算、更改投放区域、更改投放时间、更改不同设备出价、给广告添加附加信息			
3	广告创建与投放		完成 Google 广告创建,包括搜索广告、购物广告等撰写广告组、广告词			
4	广告效果优化		从安全审核、广告投放时间、关键词、出价和预算等角度进行全面分析和优化			
考核评价	项目整体分数(每项评价内容分值为 1 分)					
	指导教师评语					

备注	奖励： 1. 按照完成质量给予 1~10 分奖励，额外加分不超过 5 分。 2. 每超额完成 1 个任务，额外加 3 分。 3. 巩固提升任务完成优秀，额外加 2 分。 惩罚： 1. 完成任务超过规定时间扣 2 分。 2. 完成任务有缺项，每项扣 2 分。 3. 任务实施报告编写歪曲事实、个人杜撰或有抄袭内容，不予评分。

习题与思考

1. 单选题

（1）Google 广告账号创建时跳过广告系列设置的模式是（　　）。

　　A. 无广告模式　　　　　　　　B. 智能模式

　　C. 傻瓜模式　　　　　　　　　D. 专家模式

（2）根据目标客户所在城市，我们可以设置 Google 广告的（　　）。

　　A. 投放时间　　　　　　　　　B. 投放区域

　　C. 投放预算　　　　　　　　　D. 附加信息

（3）以关键词为导流线索进入客户官网的 Google 广告类型为（　　）。

　　A. 视频广告　　　　　　　　　B. 展示广告

　　C. 应用广告　　　　　　　　　D. 搜索广告

（4）用户点击广告后访问的网址叫作（　　）。

　　A. 广告页　　　　　　　　　　B. 客户页

　　C. 着陆页　　　　　　　　　　D. 商品页

（5）CPC 的广告收费模式是指（　　）。

　　A. 按照点击收费　　　　　　　B. 按照曝光收费

　　C. 按照行动收费　　　　　　　D. 按照结果收费

2. 多选题

（1）Google 广告类型包括（　　）。

　　A. 搜索广告　　　　　　　　　B. 购物广告

　　C. 视频广告　　　　　　　　　D. 展示广告

（2）Google 广告创建流程包括（　　）。

　　A. 建立广告系列　　　　　　　B. 选择广告类型

　　C. 选择投放目标　　　　　　　D. 设定广告组和关键词

（3）以下属于广告附加信息的是（　　）。

　　A. 附加链接　　　　　　　　　B. 价格

　　C. 位置　　　　　　　　　　　D. 预算

（4）Google 广告文案制作包括（　　）。

A. 标题   B. 显示路径
C. 广告内容描述   D. 广告网址

（5）Google 广告数据分析指标包含（　　）。
A. 点击率   B. 转化率
C. ROAS   D. 曝光量

3. 判断题

（1）数据分析显示点击率较低时，购物广告可以通过优化图片改善。
答案：

（2）针对独立站零售平台，投放 Google 搜索广告的效果比购物广告更好。
答案：

（3）虽然 Google 广告可以设置不同设备的差异化定价，但没有必要设置。
答案：

（4）广告附加信息添加的越多越好。
答案：

（5）投放 YouTube 视频广告时，可以通过付费引领扩大产品影响力。
答案：

4. 案例分析题

假设你刚入职一家外贸公司，岗位是 Google 广告投放，公司主营中高端女性饰品，本月营销费用为 3000 美元，请问该如何有效进行智能购物广告的投放呢？

参考答案

1. 单选题

（1）D   （2）B   （3）D   （4）C   （5）A

2. 多选题

（1）ABCD   （2）ABCD   （3）ABC   （4）ABCD   （5）ACD

3. 判断题

（1）正确   （2）错误   （3）错误   （4）错误   （5）正确

4. 案例分析题

1）选取部分商品或者国家做测试

令同一国家、同一部分商品的智能购物广告优先级的定位高于标准购物广告，这样标准购物广告的流量会慢慢降低，最终全部转移到智能购物广告中。

2）设置目标 ROAS

如果已有 ROAS 目标，可以按照您的目标值设置；如果还没有，可以查看标准购物广告的历史转化数据，根据过去广告的 ROAS 设置目标 ROAS。

3）优化广告系列结构

将转化量和流量较大的产品与其余产品区分开，单独设定优先级更高的系列，将预算投放给头部商品。

  4）调整出价和预算，提升销售额

  5）添加促销信息，提升广告竞争力

  在广告日常优化中，商家可以灵活运用 GMC 的促销功能，将站内的产品优惠通过促销设置进行投放，从而提高广告展示份额，提升广告竞争力。

  6）使用时间衰减归因模型优化广告

学习成果实施报告书

题目					
班级		姓名		学号	
任务实施报告					

请简要介绍本工作任务学习过程中完成的各项任务，描述任务规划以及实施过程、遇到的重难点以及解决过程，总结海外社交媒体广告操作技巧等，要求不少于 800 字。

考核评价（按 10 分制）		
教师评语：	态度分数	
	工作量分数	
考评规则		

工作量考核标准
1. 任务完成及时。
2. 操作规范。
3. 实施报告书内容真实可靠、条理清晰、文本流畅、逻辑性强。
4. 没有完成工作量扣 1 分，故意抄袭实施报告扣 5 分。

工作领域三

跨境贸易通关与结汇

工作任务一　跨境独立站业务通关管理

子任务一　企业信息注册及申报

 知识目标

- 掌握企业信息注册及申报的流程
- 掌握《报关单位备案信息表》的填写方法

 技能目标

- 利用"单一窗口"或借助第三方跨境电商综合服务平台完成企业信息注册及备案
- 正确填写《报关单位备案信息表》

 思政目标

- 遵守法律法规完成企业信息注册及申报
- 具有良好的职业道德
- 拥有符合商业规则的价值观

 案例导入

小李是应届毕业生,所在的公司是一家中等规模的跨境电商企业,主要深挖北美市场。小李经过半年的实习期,已对选品、产品上架、物流等环节比较熟悉,现在她被调到新部门,接手商品的报关工作。她应该如何完成商品的报关工作呢？

思维导图

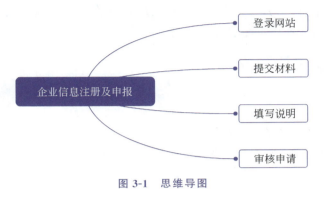

图 3-1　思维导图

一、相关知识

近年来,跨境电商海外营销作为国家大力支持的对外贸易新模式、新业态,交易规模迅速增长,行业规模不断扩大,配套监管措施日渐完善,已经成为外贸转型创新的全新引擎。跨境独立站业务通关管理是跨境电商海外营销必不可少的一部分。企业信息注册及申报是跨境贸易通关管理的第一步,能否正确申报关系到通关效率,非常重要。

二、任务概述

利用"单一窗口"或借助第三方跨境电商综合服务平台完成企业信息注册及备案。

三、任务实施

四、重点小结

(1) 在进行企业信息注册及备案时,需要熟悉"单一窗口"和第三方跨境电商综合服务平台的使用方法。

(2) 正确填写《报关单位备案信息表》是申报的基础。

五、问题研讨

小李通过"账号登录"方式登录"互联网+海关"或者"国际贸易单一窗口",向海关提交电子申请,但是没有上传加盖单位公章的《报关单位备案信息表》扫描件,所以一直没有收到海关的审核信息,请问她该如何解决?

六、任务拓展

小李通过"多证合一"方式完成了企业信息注册及备案流程,现在请登录"互联网+海关"一体化平台完成企业信息注册及备案流程。

子任务二　跨境电商商品备案

 知识目标

- 掌握跨境电商商品备案的流程
- 掌握跨境电商企业查询信息的方式

 技能目标

- 利用"单一窗口"完成商品备案
- 借助第三方跨境电商综合服务平台完成商品备案

 思政目标

- 遵守法律法规完成跨境电商商品备案
- 具有良好的职业道德
- 拥有符合商业规则的价值观
- 具有良好的道德观

 案例导入

现在,小李经过前期准备,正确填写了《报关单位备案信息表》并通过"账号登录"方式登录"互联网+海关",向海关提交了电子申请,并上传了加盖单位公章的《报关单位备案信息表》扫描件,海关审核通过了申请,那么她下一步要完成哪些工作?

 思维导图

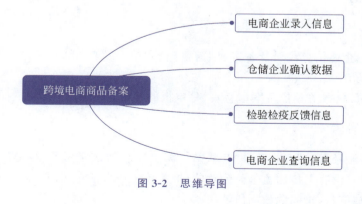

图 3-2　思维导图

一、相关知识

从事跨境电商进出口业务的企业在线完成企业备案后,按照海关要求进行商品备案,相同商品备案一次即可。

二、任务概述

利用"单一窗口"或借助第三方跨境电商综合服务平台完成商品备案。

三、任务实施

四、重点小结

(1)在进行跨境电商商品备案时,电商企业插卡登录跨境电商通关服务平台,录入商品信息。商品信息经电商企业合作的仓储企业确认后发送给检验检疫机构。检验检疫机构接收信息后反馈入库回执,电商企业可在查询栏目查看信息。

(2)相同商品备案一次即可。

五、问题研讨

小李通过跨境电商通关服务平台录入了商品信息,但是仓储企业迟迟未确认,请问她该如何解决?

六、任务拓展

小李通过"单一窗口"完成了商品备案,现在需要借助第三方跨境电商综合服务平台完成商品备案。

子任务三 三单申报办理

 知识目标

- 掌握跨境电商三单对碰的流程图
- 掌握跨境电商三单申报的流程

技能目标

- 利用"单一窗口"或者借助第三方跨境电商综合服务平台完成三单申报
- 正确填写三单信息

思政目标

- 遵守法律法规完成三单申报
- 具有良好的职业道德
- 拥有符合商业规则的价值观
- 具有良好的道德观

案例导入

小李在线完成企业备案后,按照海关要求进行了商品备案,她去办理该批货物的报关手续时还需要提交哪些材料?

思维导图

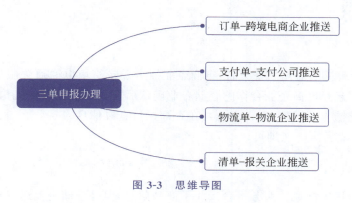

图 3-3 思维导图

一、相关知识

商品下单后会产生订单和支付单,确认订单后,物流公司发货还会产生物流单,商品报关时需要提交订单、支付单、物流单,三单数据及时提交才能提高清关效率。

二、任务概述

利用"单一窗口"或借助第三方跨境电商综合服务平台完成三单申报。

三、任务实施

四、重点小结

跨境电商三单指的是订单、支付单、物流单、海关确认订单、支付单、物流单信息一致并推送清单校验后才会清关,正确填写三单信息是提高清关效率的关键。

五、问题研讨

小李填写了订单、支付单、物流单的信息,是否需要她填写报关清单?

六、任务拓展

小李通过"单一窗口"完成了三单申报,现在需要借助第三方跨境电商综合服务平台完成三单申报。

子任务四　通关信息查询

知识目标

- 掌握通关信息的查询流程
- 掌握不同查询结果下的后续处理办法

技能目标

- 利用通关管理平台完成报关、报检以及申报通关查询工作
- 利用通关管理平台及时检查平台与各监管单位的信息是否互联互通,确保通关效率

思政目标

- 遵守法律法规进行通关信息查询
- 具有良好的职业道德
- 拥有符合商业规则的价值观
- 具有良好的道德观

案例导入

小李提交了订单、支付单、物流单后完成了三单申报,那么她应该去哪里查询通关信息?不同的商检通关单状态信息分别代表什么含义?如何处理?

思维导图

图3-4　思维导图

一、相关知识

报关后,跨境电商企业需要及时查询通关信息,安排后续事宜。

二、任务概述

利用通关管理平台完成报关、报检以及申报通关查询工作,及时检查平台与各监管单位的信息是否互联互通,确保通关效率。

三、任务实施

四、重点小结

企业取得商检通关单后,进出口货物的经营单位或报检企业可通过中国电子检验检疫业务网(www.eciq.cn)查询商检通关单状态信息,不同的状态信息代表不同的通关结果,企业要按照通关单状态信息处理后续事宜。

五、问题研讨

小李通过中国电子检验检疫业务网查询了商检通关单状态信息,状态信息显示"已发送电子口岸",请问她该如何处理?

六、任务拓展

小李提交了订单、支付单、物流单后完成了三单申报,那么她应该去哪里查询通关信息?

学习成果达成与测评

项目名称	跨境独立站业务通关管理		学时	3	学分	0.1
职业技能等级	初级	职业能力	跨境电商企业信息注册及备案、商品备案、三单申报和通关信息查询		子任务数	4个
序号	评价内容	评价标准				分数
1	备案企业信息	利用"单一窗口"或借助第三方跨境电商综合服务平台完成企业信息注册及备案				
2	跨境电商商品备案	利用"单一窗口"或借助第三方跨境电商综合服务平台完成商品备案				

续表

序号	评价内容	评价标准	分数
3	办理三单申报	利用"单一窗口"或借助第三方跨境电商综合服务平台完成三单申报	
4	查询通关信息	利用通关管理平台完成报关、报检以及申报通关查询工作,及时检查平台与各监管单位的信息是否互联互通,确保通关效率	
考核评价	项目整体分数(每项评价内容分值为1分)		
	指导教师评语		
备注	奖励: 1. 按照完成质量给予1~10分奖励,额外加分不超过5分。 2. 每超额完成1个任务,额外加3分。 3. 巩固提升任务完成优秀,额外加2分。 惩罚: 1. 完成任务超过规定时间扣2分。 2. 完成任务有缺项,每项扣2分。 3. 任务实施报告编写歪曲事实、个人杜撰或有抄袭内容,不予评分。 教师可根据实际情况进行评价。		

习题与思考

1. 单选题

(1) 企业信息注册时,应该向(　　)递交材料。
　　A. 所在地海关　　B. 附属海关　　C. 海关总署　　D. 税务局

(2) 支付单信息包括支付人信息、支付金额、(　　)、支付单号等。
　　A. 订购人信息　　B. 物流单号　　C. 订单号　　D. 商品信息

(3) 企业取得商检通关单后,进出口货物的经营单位或报检企业可通过(　　)查询商检通关单状态信息。
　　A. 中国电子检验检疫业务网　　　　B. "互联网+海关"一体化平台
　　C. 商务部政府网站　　　　　　　　D. 制卡中心专栏

(4) 商品下单后会产生订单和(　　)。
　　A. 清单　　B. 支付单　　C. 物流单　　D. 账单

(5) 相同的跨境电商商品需要备案(　　)次。
　　A. 1　　B. 2　　C. 3　　D. 4

2. 多选题

(1) 企业满足以下（　　）条件才能办理企业信息注册及申报业务。

　　A. 已办理营业执照

　　B. 有 50 名以上的员工

　　C. 已获取商务部门颁发的《对外贸易经营者备案登记表》

　　D. 正确填写《报关单位备案信息表》

(2) 三单申报中，三单指的是（　　）。

　　A. 订单　　　　B. 支付单　　　　C. 物流单　　　　D. 清单

(3) 在进行企业信息注册及备案时，可以通过（　　）进行备案。

　　A. "单一窗口"　　　　　　　　　B. 商务部政府网站

　　C. 第三方跨境电商综合服务平台　　D. 制卡中心专栏

(4) 在填写《报关单位备案信息表》时，申请进出口货物收发货人、报关企业、进出口货物收发货人分支机构、报关企业分支机构备案或变更的，应当填写（　　）信息，其他可不填写。

　　A. 法定代表人（负责人）　　　　B. 财务负责人

　　C. 关务负责人　　　　　　　　　D. 总经理

(5) 运单信息包括（　　）等。

　　A. 分物流单号　　B. 订单号　　C. 商品信息　　D. 收货人

3. 判断题

(1)《报关单位备案信息表》申请类型一栏必须填写"备案"。

答案：

(2) 通过"账号登录"方式登录"互联网＋海关"或者"国际贸易单一窗口"，向海关提交电子申请，可不再提交纸质《报关单位备案信息表》。

答案：

(3) 申请人通过"多证合一"方式提交申请（仅限未取得营业执照的企业备案）或登录"互联网＋海关"一体化平台、中国国际贸易"单一窗口"标准版"企业资质"子系统进行企业信息注册，不能现场递交材料。

答案：

(4) 市场主体、有统一社会信用代码的其他组织机构必须填写"统一社会信用代码"，办理临时备案的单位若没有统一社会信用代码可不填写。

答案：

(5) 在填写《报关单位备案信息表》时，市场主体填写营业执照上的"名称"或"企业名称"，其他组织机构按实际情况填写。

答案：

4. 案例分析题

假设你刚入职一家外贸公司，公司要求你完成跨境独立站业务通关业务，请问你该如何完成这项业务？

参考答案

1. 单选题

(1) A (2) C (3) A (4) B (5) A

2. 多选题

(1) AC (2) ABC (3) AC (4) ABC (5) ABCD

3. 判断题

(1) 错误 (2) 错误 (3) 错误 (4) 正确 (5) 正确

4. 案例分析题

按以下步骤完成通关业务：

(1) 企业信息注册及申报；

(2) 跨境电商商品备案；

(3) 三单申报办理；

(4) 通关信息查询。

学习成果实施报告书

题目			
班级		姓名	学号
<center>任务实施报告</center>			

请简要记述本工作任务学习过程中完成的各项任务，描述任务规划以及实施过程，遇到的重难点以及解决过程，总结海外社交媒体广告操作技巧等，要求不少于800字。

<center>考核评价（按10分制）</center>		
教师评语：	态度分数	
	工作量分数	
<center>考评规则</center>		

工作量考核标准

1. 任务完成及时。
2. 操作规范。
3. 实施报告书内容真实可靠、条理清晰、文本流畅、逻辑性强。
4. 没有完成工作量扣1分，故意抄袭实施报告扣5分。

工作任务二 跨境独立站业务结汇与退税管理

子任务一 商务部门登记备案流程

知识目标

- 掌握商务部门登记备案的流程
- 掌握《对外贸易经营者备案登记信息表》的填写方法

技能目标

- 利用商务部门提供的通道办理商务部门登记
- 正确填写《对外贸易经营者备案登记信息表》

思政目标

- 如实填写备案登记信息
- 具有良好的职业道德
- 拥有符合商业规则的价值观
- 具有良好的道德观

案例导入

小李作为部门新手,完成了跨境独立站业务的通关任务。按照国家的政策,这批货物可以享受出口退税的优惠,那么她应该如何办理出口退税呢?

思维导图

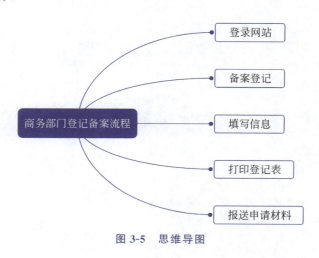

图 3-5 思维导图

一、相关知识

根据国家相关政策,跨境电商企业可以享受出口退税的优惠。但是要办理退税手续,首先要到商务部门登记备案。

二、任务概述

登录商务部政府网站,正确填写相关信息,完成备案登记。

三、任务实施

四、重点小结

根据国家相关政策,跨境电商企业可以享受出口退税的优惠。正确填写《对外贸易经营者备案登记信息表》是成功退税的第一步。

五、问题研讨

小李登录商务部政府网站填写相关信息,提交备案登记后,忘记领取《对外贸易经营者备案登记表》,是否需要重新办理备案登记工作?

六、任务拓展

小李登录商务部政府网站填写相关信息,提交备案登记后,在打印好的登记表背面加盖企业公章并自己签字。这种做法是否正确?如何改正?

子任务二 海关注册登记备案流程

- 掌握海关备案登记的流程
- 掌握申请中国电子口岸 IC 卡的流程

技能目标

- 利用海关部门提供的通道办理海关备案登记
- 申请中国电子口岸 IC 卡

思政目标

- 遵守法律法规进行海关备案登记工作

工作领域三　跨境贸易通关与结汇

- 具有良好的职业道德
- 拥有符合商业规则的价值观
- 具有良好的道德观

案例导入

小李登录商务部政府网站,正确填写了相关信息,提交了申请材料,领取《对外贸易经营者备案登记表》,完成了商务部门登记备案流程。接下来,她需要去海关办理备案登记,请问她应该如何办理海关备案登记?

思维导图

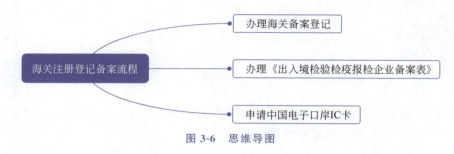

图 3-6 思维导图

一、相关知识

海关备案登记包括海关信息登记、海关注册登记两种类型。如果需要申报清单,则应办理海关注册登记;如果不需要申报清单,则既可办理海关信息登记,也可办理海关注册登记。

二、任务概述

利用海关部门提供的通道办理海关注册登记。

三、任务实施

四、重点小结

根据是否需要申报清单,海关备案登记包括海关信息登记、海关注册登记两种类型。企业应根据需要提交不同的资料,进行海关备案登记。

五、问题研讨

海关备案登记分哪几种类型?分别需要提供哪些资料?请以上海企业为例进行

说明。

六、任务拓展

在完成海关备案登记办理之后,需要前往企业注册地的中国电子口岸数据中心制卡中心办理中国电子口岸 IC 卡或 Ikey。武汉市和上海市在办理中国电子口岸 IC 卡或 Ikey 的流程上是否一致?

子任务三　外管名录及登记备案流程

 知识目标

- 掌握外管名录备案的流程
- 掌握《货物贸易外汇收支企业名录登记申请书》的填写规则

 技能目标

- 用外管部门提供的通道办理外管名录及登记
- 正确填写《贸易外汇收支企业名录登记申请表》

思政目标

- 遵守法律法规填写相关信息
- 具有良好的职业道德
- 拥有符合商业规则的价值观
- 具有良好的道德观

 案例导入

小李所在的公司开展了跨境电商出口业务,并取得了进出口权,请问她应该如何去国家外汇管理局分支局办理外管局备案手续?应该如何填写《货物贸易外汇收支企业名录登记申请书》?

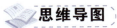 **思维导图**

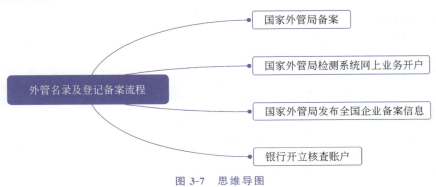

图 3-7　思维导图

一、相关知识

只有取得进出口权的跨境电商企业才能享受出口退（免）税的优惠，但是有进出口权的企业还需要持办理的进出口权证书与相关申请书到所在地的国家外汇管理局分支局办理外管局备案手续，之后才能办理后续手续。

二、任务概述

使用外管部门提供的通道办理外管名录及登记。

三、任务实施

四、重点小结

（1）企业取得进出口权后，需要持办理的进出口权证书与相关申请书到所在地的国家外汇管理局分支局办理外管局备案手续。

（2）外汇局审核材料无误后，通过货物贸易外汇监测系统为企业登记，并为企业办理监测系统网上业务开户，然后向金融机构发布全国企业备案信息。

五、问题研讨

银行为企业开立出口收入待核查账户时，可以通过哪个途径查询该企业是否已在开户地外汇局进行名录登记？

六、任务拓展

跨境电商企业如何查询外管名录备案结果？

子任务四　国际贸易单一窗口对接备案流程

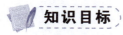 知识目标

- 掌握国际贸易单一窗口对接备案的流程
- 掌握每个部门应该完成的任务

技能目标

- 利用职能部门提供的通道办理国际贸易单一窗口对接等备案工作
- 正确填写《跨境电商入驻跨境贸易通关服务平台登记表》

思政目标

- 遵守法律法规如实填写相关信息

- 具有良好的职业道德
- 拥有符合商业规则的价值观
- 具有良好的道德观

案例导入

小李所在的公司开展了跨境电商出口业务并取得了进出口权。小李前往企业注册地所在的海关办理了海关备案登记并申请了企业中国电子口岸 IC 卡。同时她到企业所在地的国家外汇管理局分支局办理了外管局备案手续,现在她需要办理国际贸易单一窗口对接备案流程,请帮助她完成这项工作。

思维导图

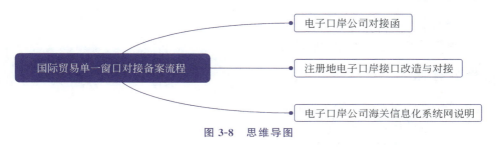

图 3-8　思维导图

一、相关知识

要办理出口退(免)税业务,还需要完成国际贸易单一窗口对接备案工作。

二、任务概述

利用职能部门提供的通道办理国际贸易单一窗口对接等备案工作。

三、任务实施

四、重点小结

(1) 企业取得进出口权后,需要持办理的进出口权证书与相关申请书到所在地的国家外汇管理局分支局办理外管局备案手续。

(2) 外汇局审核材料无误后,通过货物贸易外汇监测系统为企业登记,并为企业办理监测系统网上业务开户,然后向金融机构发布全国企业备案信息。

五、问题研讨

为什么要办理国际贸易单一窗口对接备案业务?

六、任务拓展

如果跨境电商企业在办理国际贸易单一窗口对接备案业务时失败了,该如何处理?

子任务五　结汇与收汇办理

知识目标

- 掌握结汇办理的流程
- 掌握收汇办理的流程

技能目标

- 办理结汇与收汇业务
- 根据平台特点选择合适的收款方式

思政目标

- 遵守法律法规办理结汇和收汇业务
- 具有良好的职业道德
- 拥有符合商业规则的价值观
- 具有良好的道德观

案例导入

小李所在的公司多年来深挖北美市场,考虑到 PayPal 费率低,并且买家的款项可以直接转入 PayPal 账户再提现到银行卡,仅需 3~7 个工作日即可到账,风险较低,所以公司一直使用 PayPal 进行收款。除了 PayPal 外,还有哪些收款方式?各有什么优缺点?

思维导图

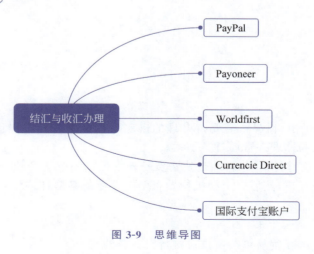

图 3-9　思维导图

一、相关知识

跨境电商平台有很多,但由于各个平台创建于不同的地区,以及面向不同的国家和地区,导致每个平台都有其自有的付款方式,跨境电商企业应根据公司状况选择适合企业的收款方式。

二、任务概述

利用单一窗口、海关通关管理系统和跨境电商综合服务平台对不同跨境贸易模式的业务办理结汇和收汇。

三、任务实施

四、重点小结

跨境电商平台有很多,跨境电商企业应根据公司状况选择适合企业的收款方式。PayPal 支持速卖通、eBay、独立站等;Payoneer 是 Amazon 收款类官方唯一的合作伙伴,有美元、欧元和英镑三种币种的账户,所有币种均支持多平台店铺,个人和公司均可申请。Worldfirst 在 2019 年成为蚂蚁金服全资子公司,提供 24 小时中文客服。CD 卡是欧洲顶级金融管理集团 AZIBO 旗下的一家货币兑换公司,现有英镑、欧元和美元银行账户,个人和公司均可申请。如果账户长时间没有使用或者没有达到指定的交易金额,则都需要额外费用。

五、问题研讨

请分析 PayPal 与 Payoneer 的优缺点。

六、任务拓展

根据独立站的特点,请分析开展独立站业务的企业适合使用哪种收款方式?

子任务六 退税申报及核定

 知识目标

- 掌握退税申报的流程
- 掌握退税核定的流程

 技能目标

- 利用单一窗口对不同跨境贸易模式的业务办理退税申报及核定

- 利用海关通关管理系统对不同跨境贸易模式的业务办理退税申报及核定
- 利用跨境电商综合服务平台对不同跨境贸易模式的业务办理退税申报及核定

思政目标

- 遵守法律法规完成退税业务
- 具有良好的职业道德
- 拥有符合商业规则的价值观
- 具有良好的道德观

案例导入

小李完成了商务部门登记备案流程、海关注册登记备案流程、外管名录及登记备案流程、国际贸易单一窗口对接备案流程等前期准备工作,可以正式办理退税了,请问她应该去哪个部门办理?需要提交哪些材料?如何正确填写《出口退(免)税备案表》?

思维导图

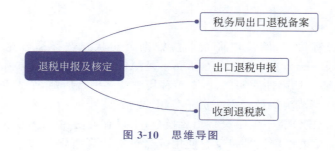

图 3-10　思维导图

一、相关知识

出口退(免)税政策是国家为了促进跨境电商发展而出台的优惠政策,但是在申报退税时,需要向税务局提交一系列材料,并正确填写《出口退(免)税备案表》才能申请退税。

二、任务概述

利用单一窗口、海关通关管理系统和跨境电商综合服务平台对不同跨境贸易模式的业务办理退税申报及核定。

三、任务实施

四、重点小结

跨境电商企业需要取得增值税一般纳税人资格,在获得对外贸易经营权与海关进出口权后,可以到税务局办理出口退(免)税备案及退税业务。

五、问题研讨

办理出口退(免)税备案需要提供哪些资料?请以上海市企业为例进行说明。

六、任务拓展

请以深圳市为例分析跨境电商企业如何完成出口退税。

学习成果达成与测评

项目名称	跨境独立站业务结汇与退税管理		学时	6	学分	0.2
职业技能等级	初级	职业能力	办理商务部门登记、海关注册登记、外管名录及登记、国际贸易单一窗口对接等备案工作,办理结汇、收汇和退税申报工作		子任务数	6个
序号	评价内容		评价标准			分数
1	商务部门登记备案流程		利用商务部门提供的通道办理商务部门登记			
2	海关备案登记		利用海关部门提供的通道办理海关注册登记			
3	登记备案外管名录		利用外管部门提供的通道办理外管名录及登记			
4	国际贸易单一窗口对接备案流程		利用职能部门提供的通道办理国际贸易单一窗口对接等备案工作			
5	办理结汇与收汇		利用单一窗口、海关通关管理系统和跨境电商综合服务平台对不同跨境贸易模式的业务办理结汇和收汇			
6	申报退税		利用单一窗口、海关通关管理系统和跨境电商综合服务平台对不同跨境贸易模式的业务办理退税申报及核定			
考核评价	项目整体分数(每项评价内容分值为1分)					
	指导教师评语					
备注	奖励: 1. 按照完成质量给予1~10分奖励,额外加分不超过5分。 2. 每超额完成1个任务,额外加3分。 3. 巩固提升任务完成优秀,额外加2分。 惩罚: 1. 完成任务超过规定时间扣2分。 2. 完成任务有缺项,每项扣2分。 3. 任务实施报告编写歪曲事实、个人杜撰或有抄袭内容,不予评分。 教师可根据实际情况进行评价。					

习题与思考

1. 单选题

(1) 跨境独立站业务结汇与退税应该先去（　　）进行备案。
　　A. "单一窗口"　　　　　　　　　　B. 商务部政府网站
　　C. 第三方跨境电商综合服务平台　　D. 制卡中心专栏

(2) 计划开展跨境电商出口业务的电商企业,需要前往（　　）办理海关备案登记。
　　A. 海关总署　　　　　　　　　　　B. 附属海关
　　C. 企业注册地所在海关　　　　　　D. 政府部门

(3) 企业取得进出口权后,需要持办理的（　　）与相关申请书到所在地的国家外汇管理局分支局办理外管局备案手续。
　　A. 营业执照　　　　　　　　　　　B. 对接函
　　C. 海关注册登记表　　　　　　　　D. 进出口权证书

(4) 国际贸易单一窗口对接完成后,电子口岸公司应为企业出具（　　）。
　　A.《对接函》
　　B.《企业与海关信息化系统联网说明》
　　C.《货物贸易外汇收支企业名录登记申请书》
　　D.《跨境电商入驻跨境贸易通关服务平台登记表》

(5) （　　）俗称 P 卡,目前是 Amazon 收款类官方唯一的合作伙伴。
　　A. PayPal　　　　　　　　　　　　B. Worldfirst
　　C. Payoneer　　　　　　　　　　　D. Currencie Direct

2. 多选题

(1) 海关备案登记包括（　　）两种类型。
　　A. 订单　　　　　　　　　　　　　B. 支付单
　　C. 海关信息登记　　　　　　　　　D. 海关注册登记

(2) 海关注册登记分为（　　）。
　　A. 进出口货物收发货人注册登记　　B. 企业信息注册
　　C. 经营范围登记　　　　　　　　　D. 报关企业注册登记

(3) 跨境电商企业取得（　　）资格后,公司才能根据税务局的具体要求带上相关资料到税务局办理出口退（免）税备案。
　　A. 增值税一般纳税人资格　　　　　B. 对外贸易经营权
　　C. 海关进出口权　　　　　　　　　D. 营业执照

(4) 跨境电商企业准备好（　　）后,才可以在出口退税申报系统汇总录入退税申报数据,需要完成出口明细表、进货明细表、汇总申报表的提交,并打印申报表、生成申报电子数据包。
　　A. 海关出口货物报关单　　　　　　B. 收汇凭证
　　C. 增值税专用发票　　　　　　　　D. 发票

(5) 到税务局办理出口退（免）税备案时，需要提交的材料有（　　）。
  A. 采购合同　　　　　　　　　B. 采购增值税专用发票
  C. 装箱单　　　　　　　　　　D. 报关单

3. 判断题

（1）办理不同类型的海关备案登记所需的资料不同，办理时，所需的材料可咨询注册地海关。
答案：

（2）海关备案登记办理完成后，企业须取得企业海关十位编码。
答案：

（3）如果银行收款就只能收美元，则转成人民币后就有两次汇率损失，亚马逊后台货币转换时一般会扣除3‰~3.5‰的汇率损失。
答案：

（4）银行为企业开立出口收入待核查账户时，会通过外汇账户信息交互平台查询该企业是否已在开户地外汇局进行名录登记；基本信息已登记的，银行可直接为其开立待核查账户。
答案：

（5）买家通过信用卡支付时，根据国际支付渠道的不同，款项会以美元或人民币的形式进入国际支付宝账户，然后分别通过美元和人民币提现。
答案：

4. 案例分析题

假设你所在的跨境电商企业要求你完成一笔业务的退税工作，请问你该如何完成这项业务？

参考答案

1. 单选题
(1) B　　(2) C　　(3) D　　(4) B　　(5) C

2. 多选题
(1) CD　　(2) AD　　(3) ABC　　(4) ABC　　(5) ABCD

3. 判断题
(1) 正确　　(2) 正确　　(3) 错误　　(4) 正确　　(5) 正确

4. 案例分析题
按以下步骤完成退税业务：
(1) 完成商务部门登记备案流程；
(2) 完成海关注册登记备案流程；
(3) 完成外管名录及登记备案流程；
(4) 完成国际贸易单一窗口对接备案流程；

（5）办理结汇与收汇；

（6）完成退税申报及核定。

学习成果实施报告书

题目					
班级		姓名		学号	
任务实施报告					

请简要记述本工作任务学习过程中完成的各项任务，描述任务规划以及实施过程，遇到的重难点以及解决过程，总结海外社交媒体广告的操作技巧等，要求不少于800字。

考核评价（按10分制）		
教师评语：	态度分数	
	工作量分数	
考评规则		

工作量考核标准
1. 任务完成及时。
2. 操作规范。
3. 实施报告书内容真实可靠、条理清晰、文本流畅、逻辑性强。
4. 没有完成工作量扣1分，故意抄袭实施报告扣5分。